विशेष कुंडलियों का अध्ययन

रविंद्र पडलकर

notionpress.com

INDIA · SINGAPORE · MALAYSIA

ISBN

Hardcase 979-8-90451-260-6
Paperback 979-8-90431-738-6

अनुक्रमणिका

परिचय 5

प्रारंभिक सूचना 7

भाग 1: अवतार **9**

प्रभू श्रीराम 11

श्रीकृष्ण 17

भाग 2: इतिहास **23**

छत्रपति शिवाजी महाराज 25

औरंगज़ेब 29

नेपोलियन बोनापार्ट 31

भाग 3: नेता **35**

लोकमान्य बाल गंगाधर तिलक 37

विनायक दामोदर सावरकर 40

महात्मा गांधी 43

सुभाष चंद्र बोस 46

पंडित नेहरू 50

इंदिरा गांधी 53

नरेंद्र मोदी 57

ब्लादिमीर पुतिन 61

डोनाल्ड ट्रम्प 64

मुकेश अंबानी 68

रतन टाटा 72

भाग 4: अभिनेता **77**

राज कपूर 79

दिलीप कुमार 84

देव आनंद 88

धर्मेंद्र 92

प्राण 95

मीना कुमारी 99

जीतेंद्र 103

राजेश खन्ना 108

अमिताभ बच्चन 111

हेमा मालिनी 114

जूही चावला 117

श्रीदेवी 120

सलमान खान 124

अक्षय कुमार 127

कैटरीना कैफ 130

ममता कुलकर्णी 133

दिव्या भारती 137

राजपाल यादव 141

भाग 5: अन्य **149**

वीरप्पन 151

दाऊद इब्राहिम 154

ओसामा बिन लादेन 157

परिचय

मुझे मराठी में श्री वी डी भट द्वारा लिखित पुस्तक "कुंडली तंत्र आणि मंत्र" मिली. इसे पढ़ने और अपनी कुंडली का अध्ययन करने के बाद, इस विषय में मेरी जिज्ञासा बढ़ गई. पिछले 70 वर्षों में मेरे जीवन में जो कुछ भी घटित हुआ, वह सब मेल खाता था. इसलिए मैंने एक जिज्ञासु छात्र के रूप में इस विषय का अध्ययन करना शुरू किया. इस विषय पर जो कुछ भी मुझे मिला, मैंने उसे ग्रहण किया. इसमें एस्ट्रोसेज, गणेशस्पीक्स जैसी विभिन्न वेबसाइटें, पंडित नर्मदेश्वर शास्त्री, डॉ. ऋचा शुक्ला आदि जैसे ज्योतिषियों के कई वीडियो शामिल हो सकते हैं. मैं अभी भी इस विषय का अध्ययन कर रहा हूं. यह विभिन्न क्षेत्रों के व्यक्तियों की कुंडली का विश्लेषण प्रस्तुत करने का मेरा प्रयास है, जितना मैं विभिन्न संदर्भों का उपयोग करके कर सका.

यह पुस्तक वेबसाइटों पर उपलब्ध विभिन्न संदर्भों पर आधारित है, जिनमें से अधिकांश सभी के लिए सुलभ हैं. लेखक ने उपलब्ध विभिन्न संदर्भों पर आधारित डेटा को एकत्रित करने में अपना समय लगाया है. इस पुस्तक के लेखक किसी भी सामग्री, जानकारी और और ऐसी जानकारी की सत्यता के लिए उत्तरदायी नहीं होंगे. लेखक को इस प्रकार की किसी भी सामग्री, जानकारी, चित्र, संदर्भ आदि के लिए कानूनी रूप से दंडित नहीं किया जाएगा. लेखक ने इस पुस्तक में अपनी कोई राय व्यक्त नहीं की है।

यह पुस्तक केवल वेबसाइटों, पुस्तकों और अन्य स्रोतों पर उपलब्ध विभिन्न संदर्भों, तिथियों, घटनाओं, चित्रों, कहानियों, समाचारों और आंकड़ों आदि का संकलन है. पाठक को उपरोक्त सहमति के बिना इस पुस्तक को नहीं पढ़ना चाहिए.

- लेखक

प्रारंभिक सूचना

कुंडली को बारह खानो मे बाटा जाता है. आकृती मे हर एक स्थान के अंक दिये है.

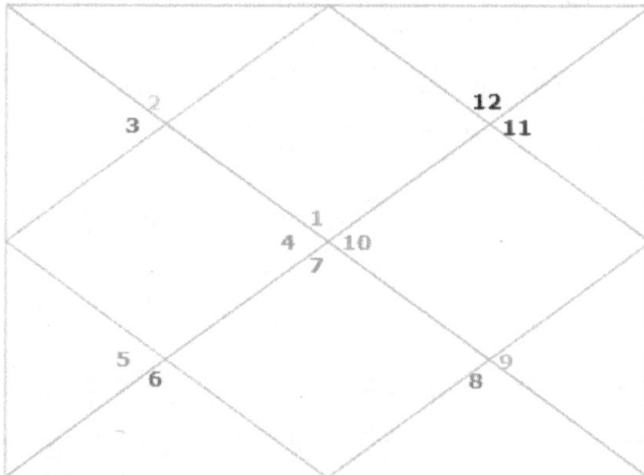

कुंडली के भाव, घर या स्थान

सभी कुंडलियों मे स्थान के आंकडे येही होते है. प्रथम स्थान को लग्न कहते है.

कुंडली मे कभी भी स्थानो के आंकडे लिखते नही.

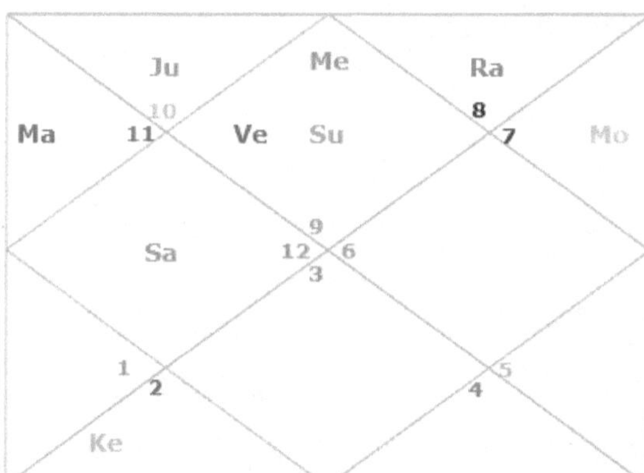

उदाहरण के तौर पर ये कुंडली लिजिए. इस कुंडली मे पहले स्थान पर 9 आकडा लिखा है. यह राशी का आकडा होता है. नौवी राशी धनु है. मतलब इस कुंडली मे लग्न मे धनु राशी है. हर राशी का स्वामी एक ग्रह होता है.

हर एक राशी के स्वामी ग्रह यहाँ पर दिये है.

1. सूर्य - सिंह 2. चंद्र - कर्क. 3. मंगल - मेष, वृश्चिक 4. बुध - मिथुन, कन्या. 5. गुरु - धनु, मीन 6. शुक्र - वृषभ, तुला 7. शनी - मकर, कुंभ

उदाहरण के तौर पर, इस कुंडली मे तृतीयेश शनी है. क्यों की तीसरे भाव मे कुंभ राशी है. अष्टमेश चंद्र है. क्यों की आठवे घर मे कर्क राशी है.

इस तरह से हर एक घर के स्वामी का वर्णन किया जाता है.

ग्रहो की दृष्टिया:

हर ग्रह जहाँ बैठा है वहासे सातवे घर को देखता है. सभी ग्रहो को सातवी दृष्टी होती है. प्रथम घर मे बैठा ग्रह सातवे घर को देखता है. दुसरे घर मे बैठा ग्रह आठवे घर को देखता है. वगैरा.

लेकिन सिर्फ तीन ग्रह ऐसे है जिन्हें तीन दृष्टिया होती है.

मंगल - चौथी, सातवी और आठवी.

गुरु - पाचवी, सातवी और नौवी.

शनी - तिसरी, सातवी और दसवी

भाग 1

अवतार

प्रभू श्रीराम

भगवान विष्णु के 10 मुख्य अवतारों को दशावतार कहा जाता है.

ये हैं - मत्स्य, कूर्म, वराह, नरसिंह, वामन, परशुराम, राम, कृष्ण, बुद्ध और कल्कि. इन अवतारों का उद्देश्य बुराई का अंत करना और धर्म की स्थापना करना है.

मत्स्य: मछली के रूप में जल प्रलय से वेदों की रक्षा की

कूर्म: कछुए के रूप में मंदरांचल पर्वत को सहारा दिया

वराह: सूअर के रूप में पृथ्वी को पाताल से बाहर निकाला

नरसिंह: शेर के मुख और मनुष्य के शरीर के रूप में हिरण्यकशिपु का वध किया

वामन: बौने ब्राह्मण के रूप में राजा बलि से तीन पग में ब्रह्मांड नाप लिया

परशुराम: परशुराम के रूप में क्षत्रियों का नाश किया

राम: राजकुमार राम के रूप में रावण का वध किया

कृष्ण: महाभारत काल के दौरान मार्गदर्शक बने

बुद्ध: धार्मिक उपदेश दिए

कल्कि: भविष्य में आने वाला अवतार, जो कलियुग के अंत में होगा

प्रभू श्रीराम भगवान विष्णू के सातवे अवतार थे.

वाल्मिकी रामायण से प्राप्त जानकारी से कह सकते है की प्रभू श्रीराम का जन्म अभिजीत मुहूर्त चैत्र मास, शुक्ल पक्ष, नवमी तिथि पुनर्वसु नक्षत्र मे हुआ. जन्म के समय सूर्य, मंगल, शनि, गुरु, शुक्र उच्च राशि में थे.

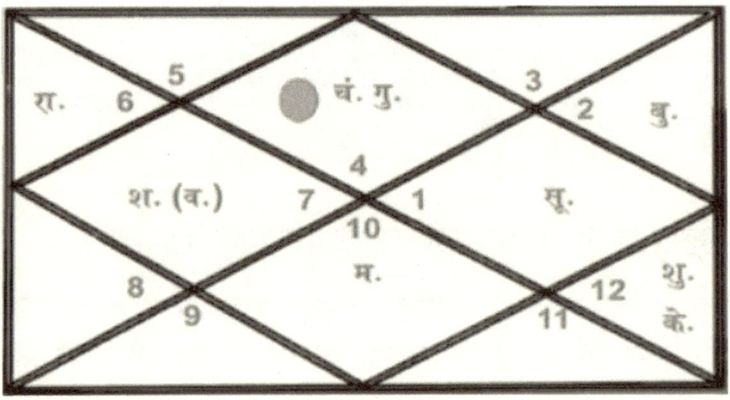

लग्न - कर्क

राशी - कर्क

पुनर्वसु नक्षत्र का गुरु है.

सूर्य मेष राशि में उच्च का होता है. इस की कुंडली में सूर्य दशम स्थान में मेंष राशि में बैठा है. चंद्र की कर्क राशि खुद की राशि है, जो प्रथम स्थान में है. मंगल मकर राशि में उच्च का होता है, जो सप्तम स्थान में बैठा है. गुरु कर्क राशि में उच्च का होता है, जो प्रथम स्थान में बैठा है. शुक्र मीन राशि में उच्च का होता है, जो नवम स्थान में बैठा है. शनि तुला राशि में उच्च का होता है, जो चतुर्थ स्थान पर बैठा है. राहु कन्या राशि में उच्च का होता है, जो

तृतीय स्थान में बैठा है. और केतु मीन राशि में उच्च का होता है, जो नवम स्थान में बैठा है.

लग्न कुण्डली और चन्द्र कुण्डली एक ही है. इसलिये कुण्डली की ताकत दोगुनी हुई.

कुंडली मे बडे बडे योग है. ये दिखाता है किसी सामान्य मानव की कुंडली नाही है. केंद्र के चारो स्थानो मे ग्रह उच्च के होकर बैठे है. इसे चतुःसार योग कहा जाता है.

गुरु चंद्र गजकेसरी योग बनाते है. गजकेसरी योग से व्यक्ति को धन-संपत्ति, करियर में उन्नति, समाज में मान-सम्मान और सुख-समृद्धि प्राप्त होती है. यह योग जीवन में कई सफलताओं और राजसी सुखों का कारक माना जाता है, जिससे व्यक्ति की महत्वकांक्षाएं पूरी होती हैं.

गुरु की पंचम द्रीष्टी पाचवे स्थान पर है. यह स्थान संतती का होता है. इसलिये उनके प्रतापी पुत्र हुए.

गुरु नवम भाव का स्वामी लग्न में है. गुरु की नववी द्रीष्टी नववे स्थान पर है. यह स्थान धर्म का होता है. प्रभू श्रीराम ने धर्म की स्थापना की.

सातवे घर मे मंगल है. तो ये कुंडली मांगलिक ही हुई. सातवा घर पत्नी का होता है. तो पत्नी की समस्या हुई. गुरु और मंगल एक दूसरे पर दृष्टि रखते हैं. उच्चतम नैतिक आचरण.

पत्नी का कारक शुक्र के साथ केतु. फल को केतु बढ़ता है.

शनी दसवे घर को देख रहा है. दसवा घर राजा, राज्य का होता है. इसलिये राज्य छोडना पडा. सूर्य चौथे घर के नीच राशी को देख रहा. इसलिये भवन का भी त्याग करना पडा.

छठा घर शत्रु का होता है. रावण जैसा बलवान शत्रु मिला. प्रथम भाव पर मंगल की नीच दृष्टि. राक्षसों से युद्ध. उच्च ग्रह प्रथम घर मे होने की वजह से अंत में जीत हुई.

छठा घर सेवक का भी होता है. हनुमान जैसा सेवक मिला.

धन 2रे और 11वें घर का स्वामी उच्च के है. अपार धन मिला था

महादशा

चन्द्र पुनर्वसु नक्षत्र मे. गुरु की महादशा. कुल 16 वर्ष. शेष 5 वर्ष रही होगी.

बाद मे शनि की 19 वर्ष की महादशा. 16 साल में वैराग्य. गुरु वशिष्ठ ने उपदेश देकर बाहर निकाला.

24-25 आयु में साढ़ेसाती. फिर बुध की 17 वर्ष की महादशा. इस महादशा मे ही प्रभू श्रीराम रावण पर विजय पाकर अयोध्या लौटे.

अब इनके वंश के बारे मे रोचक जानकारी लेंगे.

प्रभु श्रीराम के पूर्वज सूर्यवंशी क्षत्रिय थे, जिनका वंश सूर्यदेव से शुरू होकर इक्ष्वाकु तक आता है. राजा अज के पुत्र और दशरथ के पिता राजा अज थे, और उनके पिता नाभाग थे. इस प्रकार, श्रीराम के वंश में सूर्यदेव, विवस्वान, इक्ष्वाकु, कुक्षी, बाण, अनरण्या, ककुत्स्थ, रघु और राजा अज जैसे कई महान राजा शामिल हैं.

सूर्यवंशी क्षत्रिय वंश

सूर्यदेव - इस वंश की शुरुआत सूर्यदेव से हुई थी।

विवस्वान मनु - सूर्यदेव के पुत्र और श्रीराम के परदादा थे।

इक्ष्वाकु - विवस्वान मनु के पुत्र थे और उनसे यह वंश इक्ष्वाकु वंश कहलाया।

कुक्षी - इक्ष्वाकु के पुत्र थे।

बाण (रिपुंजय) - कुक्षी के पुत्र थे।

ककुत्स्थ (पुरंजय या इंद्रावहोमि) - बाण के पुत्र थे।

रघु - ककुत्स्थ के पुत्र थे, जिनके कारण इस वंश को रघुकुल भी कहा जाता है।

अज - रघु के वंशज और श्रीराम के दादा थे।

दशरथ - अज के पुत्र और श्रीराम के पिता थे।

भगवान राम की वंशावली

ब्रह्माजी से मरीचि हुए

मरीचि के पुत्र कश्यप हुए

कश्यप के पुत्र विवस्वान हुए

विवस्वान से सूर्यवंश का आरंभ हुआ

विवस्वान से पुत्र वैवस्वत मनु हुए

फिर वैवस्वत मनु के दस पुत्र हुए जिनके नाम थे- इल, इक्ष्वाकु, कुशनाम (नाभाग), अरिष्ट, धृष्ट, नरिष्यन्त, करुष, महाबली, शर्याति, पृषध

भगवान राम का जन्म वैवस्वत मनु के दूसरे पुत्र इक्ष्वाकु के कुल में हुआ और इक्ष्वाकु से ही सूर्यवंश बढ़ता चला गया।

इक्ष्वाकु वंश में विकुक्षि, निमि और दण्डक पुत्रों का जन्म हुआ।

धीरे-धीरे यह वंश परंपरा आगे बढ़ती गई।

जिसमें फिर हरिश्चन्द्र रोहित, वृष, बाहु और सगर भी पैदा हुए।

अयोध्या की स्थापना इक्ष्वाकु के समय में ही हुई थी। इक्ष्वाकु कौशल देश के राजा थे और इस देश की राजधानी साकेत थी, जिसे अयोध्या कहा जाता है। इक्ष्वाकु के पुत्र कुक्षि थे और कुक्षि के पुत्र विकुक्षि फिर विकुक्षि की संतान बाण हुई और बाण के पुत्र अनरण्य

इसके बाद अनरण्य से पृथु और पृथु से त्रिशंकु का जन्म हुआ

फिर त्रिशंकु के पुत्र धुंधुमार पैदा हुए और फिर इनके पुत्र युवनाश्व हुए

युवनाश्व के पुत्र मान्धाता हुए और मान्धाता से सुसन्धि हुए

फिर सुसन्धि के दो पुत्र हुए- ध्रुवसन्धि एवं प्रसेनजित

ध्रुवसन्धि के पुत्र भरत हुए और फिर इनके पुत्र असित हुए

फिर असित के पुत्र सगर का जन्म हुआ

सगर अयोध्या के बहुत ही पराक्रमी राजा थे

राजा सगर के पुत्र असमंज हुए

फिर असमंज के पुत्र अंशुमान हुए और अंशुमान के पुत्र दिलीप हुए

दिलीप से ही भगीरथ पुत्र हुए

ये वही भगीरथ हैं जो मां गंगा को कठोर तप के बल पर पृथ्वी पर ले आए थे।

फिर भगीरथ के पुत्र ककुत्स्थ हुए और ककुत्स्थ से रघु का जन्म हुआ।

रघु के जन्म होने पर ही सूर्य वंश का नाम रघुवंश पड़ गया

रघु से उनके पुत्र प्रवृद्ध हुए। फिर प्रवृद्ध से होते होते कई वंश चलते गए

जिसमें नाभाग हुए और फिर नाभाग के पुत्र अज हुए।

अज से पुत्र दशरथ हुए और फिर दशरथ अयोध्या के राजा बने।

दशरथ के चार पुत्र हुए भगवान राम, भरत, लक्ष्मण और शुत्रुघ्न

इस तरह भगवान राम का जन्म ब्रह्माजी की ही 67 पीढ़ियां में हुआ।

श्री राम के बाद उनके पुत्रों लव और कुश ने इस वंश को आगे बढ़ाया। भगवान राम ने कुश को दक्षिण कौशल, कुशस्थली और अयोध्या सौंपा तो पुत्र लव को पंजाब। तक्षशिला में भरत पुत्र तक्ष का शासन था तो पुष्करावती में उनके पुत्र पुष्कर राज करते थे। तो वहीं हिमाचल में लक्ष्मण जी के पुत्रों का शासन रहा। जबकि मथुरा के सिंहासन पर शत्रुघ्न के पुत्र सुबाहु तो भेलसा पर उनके दूसरे पुत्र शत्रुघाती का राज रहा। ऐसा माना जाता है कि राजा लव से राघव राजपूतों का जन्म हुआ तो कुश वंश से कुशवाह, मौर्य, सैनी, शाक्य संप्रदाय की स्थापना हुई।

श्रीकृष्ण

भगवान श्रीकृष्ण विष्णू के आठवे अवतार थे.

भगवान श्री कृष्ण का जन्म भाद्रपद मास में कृष्ण पक्ष की अष्टमी तिथि को, रोहिणी नक्षत्र में, बुधवार की रात को 12 बजे हुआ था. यह जन्म कंस की मथुरा जेल में देवकी और वासुदेव के आठवें संतान के रूप में हुआ था. ज्योतिषीय गणनाओं के अनुसार, उनका जन्म लगभग 3228 ईसा पूर्व में हुआ था.

जन्मतिथि: भाद्रपद, कृष्ण पक्ष, अष्टमी तिथि

नक्षत्र: रोहिणी

दिन: बुधवार

समय: आधी रात (लगभग 12 बजे)

स्थान: कंस की मथुरा जेल

माता-पिता: देवकी और वासुदेव

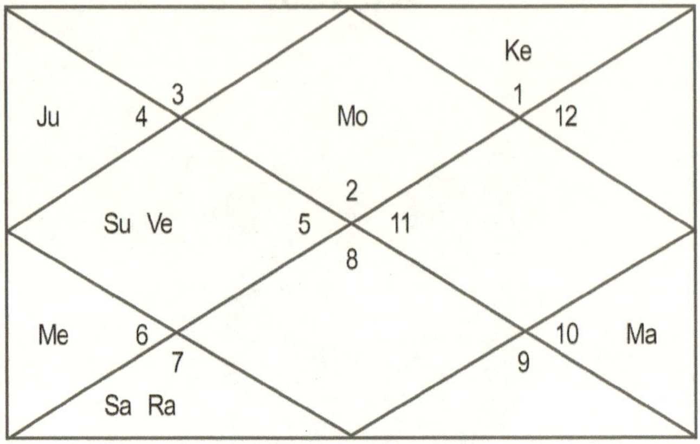

लग्न - वृषभ

राशी - वृषभ

अभिजीत मुहूर्त.

वृषभ लग्न और वृषभ राशी

लग्न कुण्डली और चन्द्र कुण्डली एक ही है. इसलिये कुण्डली की ताकत दोगुनी हुई.

रोहिणी नक्षत्र.

चंद्र, गुरु, बुध, शनि, मंगल उच्च के हैं.

सूर्य अपनी राशि में. पिता का कारक हैं. चंद्र माता का कारक हैं.

मंगल मित्र और भाई का कारक हैं. पांडव जैसे मित्र और बलराम जैसा भाई मिला.

उच्च बुध बुद्धि का कारक हैं. गीता जैसा ग्रंथ बना. बुध बुआ का कारक हैं. कुंती जैसी बुआ मिली.

गुरु उच्च का होने से सांदीपनि जैसे गुरु मिले.

शनि जनता का कारक हैं. मथुरा से द्वारिका इसलिये श्रीकृष्ण के कहने पर पुरी जनता मथुरा से द्वारिका चली गयी.

लग्न का स्वामी शुक्र चतुर्थ भाव में बहुपत्नी योग दर्शाता है. सप्तम भाव का स्वामी मंगल उस पर दृष्टि डाल रहा है. सभी पत्नियाँ उनसे प्रेम करती थीं.

मंगल की सप्तम दृष्टि पराक्रम के घर पर है जहाँ पर गुरु बैठा है. गुरु पर दृष्टि होने से, उसने दुष्ट लोगों को पराक्रम से मार डाला. यह उच्चतम नैतिक आचरण भी दर्शाता है.

उच्च का गुरु. नवम भाव धर्म पर गुरु की दृष्टि है. इसलिये यज्ञ किये और युद्ध के फलस्वरूप धर्म की स्थापना की.

गुरु लाभ भाव का स्वामी. इसलिये लाभ बढ़ता गया.

गुरु की सप्तम भाव पर दृष्टि. पत्नीयों की संख्या बढी.

चौथा घर. लग्न का स्वामी शुक्र और सूर्य बैठे है. भूमि भवन वाहन सब ऐश्वर्य लक्ष्मी के साथ मिला.

उच्च का बुध पाचवे घर संतान के घर मे. तेजस्वी संतान मिली.

छठा घर. शत्रुहंता योग. छठे घर मे तुला राशी मे शनी उच्च का होकर बैठा है. शत्रू परास्त हो ही जाता है.

मंगल मामा का कारक और शुक्र पर दृष्टि. मामा कंस की वजह से कारागार में जन्मा. माता-पिता कारागार में थे.

दसवें घर का स्वामी छठे घर में. ये कारागार योग बनाता है.

ग्यारहवा घर बडे भाई बेहेनों का होता है. उसमे मीन राशी है. मीन राशी के स्वामी गुरु पर मंगल की द्रीष्टी है. बड़े भाई बहन की हत्या मामा ने कर दी.

चंद्रमा छोटे बच्चों के उम्र पर खतरा देता है. राक्षसों ने मारने की कोशिश की थी. क्यों की कृष्ण पक्ष मे जन्म हुआ था. लेकिन चंद्र उच्च का होने से राक्षस यशस्वी नही हुए.

षष्ठेश चतुर्थ भाव में, तथा मंगल से दृष्ट है. इसलिये निवास बार-बार बदलना पडा. जरासंध आक्रमण से त्रस्त होकर द्वारिका चले गए.

सातवे घर का स्वामी मंगल है जो गुरु से दृष्ट है. उन्होंने अपनी पत्नी के लिए लड़ाई लड़ी. श्रीकृष्ण ने रुक्मिणी से विवाह के समय मुख्य रूप से रुक्मिणी के भाई रुक्मी और उनके साथ आए राजाओं (जैसे शिशुपाल) से लड़ाई की थी, क्योंकि रुक्मी अपनी बहन का विवाह श्रीकृष्ण से नहीं बल्कि शिशुपाल से करवाना चाहता था, जिसके विरोध में श्रीकृष्ण ने रुक्मिणी का हरण किया और फिर रुक्मी के साथ युद्ध हुआ, जिसमें श्रीकृष्ण विजयी हुए. कंस के कारावास से 16000 औरतों को मुक्त किया. लेकिन उनका सम्मान रखने के लिये उनसे विवाह किया.

छठे स्थान पर राहु के साथ शनि होने के कारण गलतफहमीसे मृत्यु हुई. भगवान कृष्ण की मृत्यु एक शिकारी के तीर से हुई थी. यह शिकारी जरा नामक बहेलिया था, जिसने गलती से पीपल के पेड़ के नीचे लेटे कृष्ण को हिरण समझ लिया और उनके पैर में तीर मार दिया. यह घटना गांधारी द्वारा दिए गए श्राप के कारण हुई, जिसमें उन्होंने कृष्ण को 36 साल बाद मृत्यु का श्राप दिया था, और यह श्राप ठीक 36 साल बाद पूरा हुआ.

लेकिन केतू बारहवे भाव में होने से उन्हे मृत्यू के बाद संसार के सभी समस्याओं से मुक्ती मिली.

महादशा

रोहिणी नक्षत्र स्वामी चन्द्र. चंद्र की महादशा शेष 7-8 वर्ष हैं.

मंगल महादशा 7 वर्ष. 15 वर्ष की आयु तक. 11 वर्ष की आयु में कंस का वध. नाना उग्रसेन को मथुरा का राजा बनाया.

राहु महादशा 18 वर्ष. 33 वर्ष की आयु तक. शत्रुओं के साथ लड़ाइयां की.

गुरु महादशा 16 वर्ष (49 वर्ष की आयु तक). धर्म भाव को देख रहा. युद्ध के स्थान पर बैठकर गीता का उपदेश किया. पांडवों को खोया हुआ राज्य दिलाया. मित्रों की सहायता की.

जीवन काल 125 वर्ष.

मृत्यु तिथि: 18 फ़रवरी 3102 ईसा पूर्व

भगवान श्री कृष्ण चंद्रवंशी क्षत्रिय थे, जिनका जन्म यदुवंश में हुआ था। उनके वंश को दो मुख्य भागों में देखा जा सकता है: उनके पूर्वज और उनके वंशज (संताने)।

श्री कृष्ण के पूर्वज

श्री कृष्ण का वंश ब्रह्मा जी से शुरू होता है और राजा यदु से होते हुए आगे बढ़ता है।

ब्रह्मा -> अत्रि -> चन्द्रमा -> बुध -> पुरुरवा -> आयु -> नहुष -> ययाति -> यदु

यदु के वंश में आगे चलकर राजा विदर्भ हुए, जिनसे कई शाखाएं निकलीं, जिनमें चेदि वंश भी शामिल था।

इसी यदुवंश की एक शाखा में वासुदेव का जन्म हुआ, जो श्री कृष्ण के पिता थे।

उनकी माता देवकी थीं।

उनका पालन-पोषण गोकुल में नंद और यशोदा ने किया।

श्री कृष्ण के वंशज

भगवान श्री कृष्ण की मुख्य 8 पटरानियाँ थीं, जिन्हें 'अष्टभार्या' कहा जाता है.

श्री कृष्ण के कुछ प्रमुख पुत्रों के नाम निम्नलिखित हैं:

रुक्मिणी के पुत्र: प्रद्युम्न (सबसे बड़े पुत्र), चारुदेष्ण, सुदेष्ण, चारुदेह, सुचारू, चारुगुप्त, भद्रचारु, चारुचंद्र, विचारु और चारु।

सत्यभामा के पुत्र: भानु, सुभानु, स्वरभानु, प्रभाकर, भानुमान आदि।

जाम्बवती के पुत्र: साम्ब, मित्रवान, मित्रबिन्द, श्रीगुय, चित्रसेन, वीर आदि।

कालिंदी के पुत्र: श्रुत, कवि, वृष, वीर, सुबाहु, शांति आदि।

माना जाता है कि आधुनिक समय में यदुवंशी क्षत्रिय जैसे जादौन, भाटी, और अन्य यादव समूह भगवान श्री कृष्ण के वंशज हैं। राजस्थान के करौली के यदुवंशी-जादौन खुद को कृष्ण की 181वीं पीढ़ी का बताते हैं।

भाग 2

इतिहास

छत्रपति शिवाजी महाराज

शिवाजी भोसले मराठा साम्राज्य के संस्थापक और पहले छत्रपति थे, जो 18वीं शताब्दी में अपने चरम पर भारतीय उपमहाद्वीप के अधिकांश भाग में फैला हुआ था. भोसले मराठा वंश के एक कुलीन व्यक्ति, शिवाजी ने बीजापुर के आदिलशाही सल्तनत और मुगल साम्राज्य के विरुद्ध प्रतिरोध का नेतृत्व किया और हिंदवी स्वराज्य ("हिंदू लोगों का स्वशासन") की पुनः स्थापना की.

जन्म - 19-02-1630

समय - 18:26

स्थान - शिवनेरी

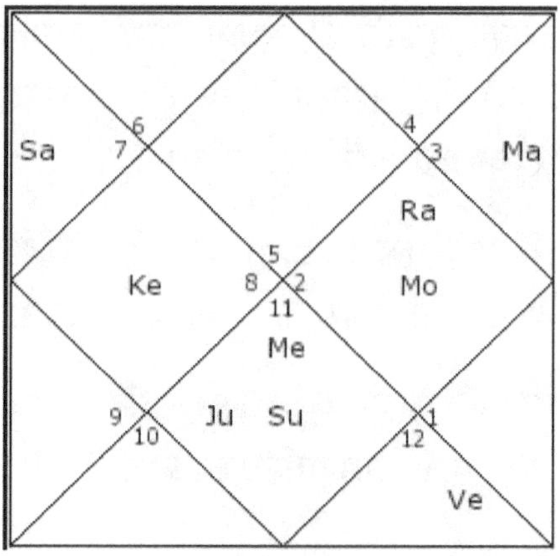

(Sa - Saturn शनी, Ke - Ketu केतू, Me - Mercury बुध, Ju - Jupiter गुरु, Su - Sun सूर्य, Ve - Venus शुक्र, Mo - Moon चंद्र, Ra - Rahu राहू, Ma - Mars मंगल)

लग्न - सिंह

राशी - वृषभ

वक्री ग्रह - शनी

छत्रपति शिवाजी महाराज की कुंडली का अध्ययन उनके असाधारण नेतृत्व, अदम्य साहस और स्वराज्य की स्थापना के ज्योतिषीय आधारों को समझने का प्रयास है। ऐतिहासिक दस्तावेजों के अनुसार, उनके जन्म विवरण निम्नलिखित हैं:

जन्म तिथि: 19 फरवरी 1630 (फाल्गुन वद्य तृतीया, शके 1551)

जन्म स्थान: शिवनेरी किला, पुणे

लग्न: सिंह - यह नेतृत्व और राजसी गुणों का प्रतीक है.

कुंडली के मुख्य ज्योतिषीय योग और प्रभाव

छत्रपति शिवाजी महाराज की कुंडली में कई ऐसे दुर्लभ राजयोग पाए जाते हैं जिन्होंने उन्हें एक महान शासक बनाया:

पंच महापुरुष योग: उनकी कुंडली में रुचक योग (मंगल के कारण) और भद्र योग (बुध के कारण) जैसे शक्तिशाली योगों की उपस्थिति मानी जाती है, जो उन्हें अपार साहस और कुशाग्र बुद्धि प्रदान करते थे.

मंगल का प्रभाव: कुंडली में मंगल (Mars) अत्यंत शक्तिशाली है, जो एक महान योद्धा और कुशल सैन्य रणनीतिकार के गुणों को दर्शाता है.

शिव योग: वे शिव योग में जन्मे थे, जिसे धार्मिक, दयालु और उच्च विचारों वाला माना जाता है. यह योग आध्यात्मिक जागृति और दूसरों के लिए प्रेरणा का स्रोत बनता है.

नीचभंग राजयोग: ज्योतिषीय विश्लेषण के अनुसार, यदि कोई ग्रह कमजोर होता है, तो वह विशिष्ट स्थितियों के कारण 'नीचभंग' होकर सफलता का प्रतीक बन जाता है, जो उनके शुरुआती संघर्षों और बाद की महान विजयो की व्याख्या करता है.

ऐतिहासिक महत्व

महाराज की कुंडली का सबसे प्राचीन उल्लेख कवींद्र परमानंद के 'शिवभारत' (1665-1670) और जोधपुर के अभिलेखागार में मिलता है. ज्योतिषियों के अनुसार, उनकी कुंडली में सूर्य और चंद्रमा की स्थिति उन्हें एक न्यायप्रिय राजा और प्रजापालक बनाती थी.

प्रमुख योग:

रुचक योग: मंगल उन्हें अदम्य साहसी, कुशल सेनापति और एक महान विजेता बनाता है.

गजकेसरी योग: गुरु और चंद्रमा की केंद्र स्थिति ने उन्हें अत्यधिक बुद्धिमान, उदार और न्यायप्रिय राजा बनाया, जो प्रजा के बीच लोकप्रिय थे.

भाग्य भाव (शूद्र): सूर्य और शुक्र का प्रभाव दर्शाता है कि उन्होंने अपनी भूमि और प्रजा (स्वराज्य) के लिए अपना जीवन समर्पित कर दिया.

पराक्रमी मंगल: मंगल ने उन्हें छोटी उम्र में ही असाधारण नेतृत्व क्षमता और युद्ध कौशल दिया.

बुद्धिमान बुध: बुध ने कूटनीतिक फैसले लेने और दुश्मन को मात देने की क्षमता प्रदान की.

दूरदर्शी गुरु: गुरु की स्थिति के कारण ही वे एक धर्मपरायण, न्यायप्रिय और दूरदर्शी राजा के रूप में जाने गए.

उनकी कुंडली में सूर्य की उच्च स्थिति ने उन्हें निर्भयता, तेज और राज्य स्थापना का अटूट संकल्प प्रदान किया, जिससे उन्होंने मराठा साम्राज्य की नींव रखी.

कुंडली के मुख्य ज्योतिषीय योग

ज्योतिषीय विश्लेषणों के अनुसार, उनकी कुंडली में कई शक्तिशाली राजयोग थे:

- गजकेसरी योग: उनकी कुंडली में गुरु (बृहस्पति) और चंद्रमा की शुभ स्थिति से गजकेसरी योग का निर्माण हुआ, जिसने उन्हें अत्यधिक बुद्धिमत्ता, शक्ति और सम्मान प्रदान किया।
- पंच महापुरुष योग: ऐसा माना जाता है कि उनकी कुंडली में रुचक योग (मंगल के कारण) और भद्र योग (बुध के कारण) जैसे शक्तिशाली योग मौजूद थे।
- दशम भाव (कर्म स्थान): दसवें भाव में सूर्य और मंगल की प्रबल स्थिति ने उन्हें एक महान योद्धा और सफल शासक बनाया।
- सिंह राशि: सिंह राशि होने के कारण उनमें निडरता, आत्म-सम्मान और एक कुशल राजनेता के गुण कूट-कूट कर भरे थे।

कुंडली का प्रभाव

उनकी कुंडली के ग्रहों की स्थिति ने उन्हें एक "जननायक" की छवि दी। शनि की अनुकूल स्थिति ने उन्हें जनता (विशेषकर मावलों) का अटूट सहयोग दिलाया और स्वराज्य की नींव रखने में मदद की।

औरंगज़ेब

अबुल मुजफ्फर मुही-उद-दीन मोहम्मद औरंगजेब, जिन्हें आमतौर पर औरंगजेब और उनकी शाही उपाधि आलमगीर के नाम से जाना जाता है, छठे मुगल सम्राट थे और उन्होंने भारतीय उपमहाद्वीप के अधिकांश भाग पर शासन किया. उनका शासनकाल 1658 से 1707 में उनकी मृत्यु तक 49 वर्षों तक चला.

जन्म - 03-11-1618

समय - 14:05

स्थान - दोहद

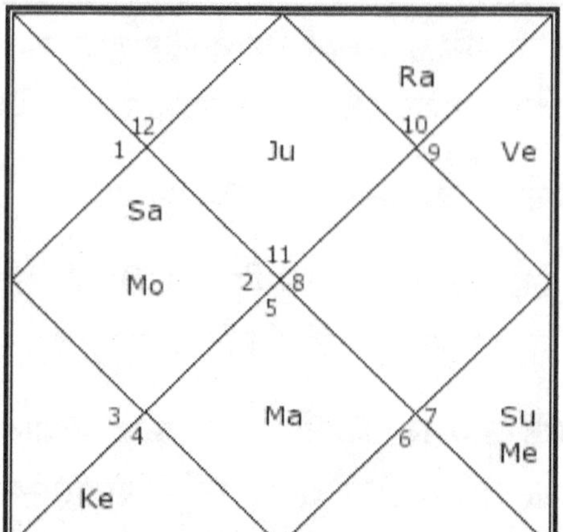

लग्न - कुंभ

राशी - वृषभ

वक्री ग्रह - बुध, शनी

औरंगजेब का जन्म विवरण

जन्म तिथि: 3 नवंबर, 1618 (शनिवार)

जन्म समय: 14:05:00

जन्म स्थान: दोहाद, गुजरात, भारत

लग्न: कुंभ

कुंडली की मुख्य विशेषताएं और ग्रहों की स्थिति

लग्न (कुंभ): यह लग्न अक्सर स्थिर स्वभाव, किसी उद्देश्य के प्रति गहरी निष्ठा और कुछ हद तक उदासीन या कठोर व्यक्तित्व का संकेत देता है.

मंगल और बुध (संयोग): मंगल और बुध की उपस्थिति आमतौर पर एक तेज, रणनीतिक बुद्धि का संकेत देती है, विशेष रूप से युद्ध या प्रशासनिक निर्णयों के संदर्भ में.

ग्रहों की स्थिति का प्रभाव: उनकी कुंडली को अक्सर कर्तव्य की प्रबल, यद्यपि कठोर, भावना और दीर्घकालिक लक्ष्यों पर केंद्रित होने का संकेत माना जाता है, जो उनके 49 वर्षों के शासनकाल और मुगल साम्राज्य के विस्तार से मेल खाता है.

उनके जीवन पर सामान्य ज्योतिषीय दृष्टिकोण

तपस्या/अनुशासन: कई विश्लेषण उनकी कुंडली में उच्च स्तर के आत्म-अनुशासन (या कुछ के अनुसार, कठोर रूढ़िवादिता) का संकेत देते हैं.

संघर्ष: ग्रहों की स्थिति अक्सर निरंतर संघर्ष और विशाल भूभाग के संचय के साथ-साथ महत्वपूर्ण आंतरिक और बाहरी संघर्षों से चिह्नित जीवन को उजागर करती है.

नेपोलियन बोनापार्ट

नेपोलियन बोनापार्ट एक फ्रांसीसी सैन्य और राजनीतिक नेता थे, जिन्होंने फ्रांसीसी क्रांति और यूरोप में उससे जुड़े युद्धों के अंतिम चरणों के दौरान प्रसिद्धि प्राप्त की. नेपोलियन प्रथम के रूप में, वे 1804 से 1815 तक फ्रांस के सम्राट रहे.

जन्म - 15-08-1769

समय - 11:30

स्थान - अज़ाशियो

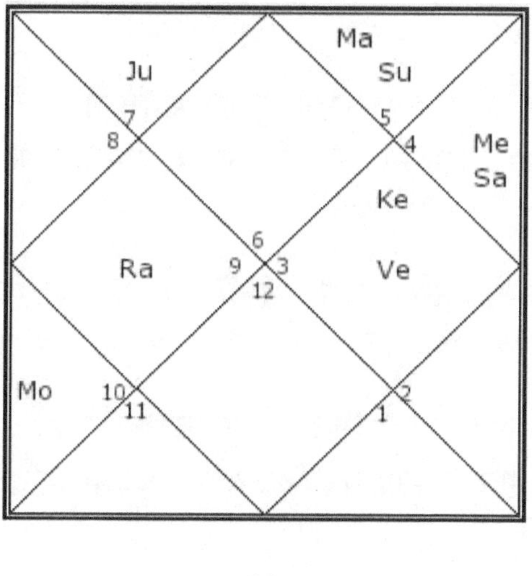

लग्न - कन्या

राशी - मकर

वक्री ग्रह - नही

नेपोलियन बोनापार्ट (जन्म 15 अगस्त, 1769) की कुंडली में मकर राशि में उत्तराषाढ़ा नक्षत्र में चंद्रमा और सिंह राशि में सूर्य था, जो तीव्र महत्वाकांक्षा, अधिकार और सहनशीलता का संकेत देता है. वैदिक ज्योतिष (कुंडली) के अनुसार, उनका दसवां भाव मजबूत था, मंगल शक्तिशाली था और बृहस्पति प्रबल था, जिसने उनकी सत्ता, रणनीतिक प्रतिभा और विश्वव्यापी प्रसिद्धि में योगदान दिया.

नेपोलियन की कुंडली (वैदिक राशिफल) के प्रमुख पहलू:

चंद्र राशि: मकर. यह उन्हें व्यावहारिक, अनुशासित और अक्सर संयमी, यथार्थवादी दृष्टिकोण प्रदान करती है.

नक्षत्र: उत्तराषाढ़ा. यह नेतृत्व, दृढ़ता और लक्ष्यों पर अटूट ध्यान केंद्रित करने से जुड़ा है.

सूर्य राशि (पश्चिमी): सिंह. यह सर्वोच्च अधिकार, महत्वाकांक्षा और प्रभावशाली व्यक्तित्व का प्रतीक है.

प्रमुख ग्रहों की स्थिति:

सिंह राशि में मंगल: सिंह राशि (सूर्य द्वारा शासित) में स्थित होने के कारण, यह तीव्र ऊर्जा, जुझारू भावना और विजय के माध्यम से सफलता का संकेत देता है.

तुला राशि में बृहस्पति: तुला राशि में स्थित होने के कारण, यह एक खुले विचारों वाले, दार्शनिक, फिर भी गणनाशील स्वभाव का सुझाव देता है.

सिंह राशि में सूर्य: भाव की शक्ति को सुदृढ़ करता है, उच्च महत्वाकांक्षाओं, प्रभावशाली मित्रता और शत्रुओं पर विजय पर ध्यान केंद्रित करता है.

कर्क राशि में शनि और बुध: यह संयोजन रणनीति, संचार और अधिकार की गहरी समझ को दर्शाता है.

ग्रहों की ये स्थितियाँ गुमनामी से फ्रांसीसी सेना के कमांडर बनने तक के उनके उत्थान, सम्राट के रूप में उनकी भूमिका और अंततः उनके पतन की व्याख्या करती हैं, जब अस्थिर प्रभावों ने उनकी स्थिरता को ध्वस्त कर दिया.

भाग 3

नेता

राजनेताओं की कुंडली में प्रभावी ग्रह

ज्योतिष शास्त्र (Astrology) के अनुसार, राजनीति (Politics) में सफलता पाने के लिए कुंडली में कुछ खास ग्रहों का मजबूत होना बहुत जरूरी माना जाता है। सफल राजनेताओं की कुंडली में अक्सर निम्नलिखित ग्रह प्रभावी होते हैं:

- राहु (Rahu): इसे राजनीति का मुख्य कारक ग्रह माना जाता है। यह कूटनीति, हेर-फेर और रणनीतियां बनाने में मदद करता है। यदि राहु 6वें, 7वें, 10वें या 11वें भाव में हो, तो व्यक्ति राजनीति में बहुत नाम कमा सकता है।
- सूर्य (Sun): सूर्य सत्ता, अधिकार और नेतृत्व क्षमता का प्रतीक है। कुंडली में सूर्य के मजबूत होने से व्यक्ति को उच्च पद और सरकार का सहयोग मिलता है।
- शनि (Saturn): शनि जनता और समाज के निचले तबके से जुड़ने की शक्ति देता है। एक सफल नेता बनने के लिए जनता का समर्थन जरूरी है, जो मजबूत शनि से मिलता है। शनि का 10वें भाव से संबंध होना बहुत शुभ माना जाता है।
- गुरु (Jupiter): गुरु ज्ञान, बुद्धि और न्याय का क़ारक है। राजनीति में लंबे समय तक टिके रहने और एक सम्मानित छवि बनाए रखने के लिए गुरु का अनुकूल होना जरूरी है।
- मंगल (Mars): मंगल साहस, ऊर्जा और विरोधियों को परास्त करने की शक्ति प्रदान करता है। चुनावी दंगल में जीत के लिए मंगल का बलि होना आवश्यक है।
- बुध (Mercury): बुध कुशल संवाद और वाणी का कारक है। एक नेता के लिए अपनी बात जनता तक प्रभावी ढंग से पहुँचाने के लिए बुध का मजबूत होना फायदेमंद होता है।

प्रमुख राजयोग:

कुंडली में राजयोग (जैसे कि केंद्र या त्रिकोण भावों के स्वामियों का संबंध) और गजकेसरी योग (गुरु और चंद्रमा का संयोग) भी राजनीति में अपार सफलता और सत्ता दिलाने में सहायक होते हैं।

लोकमान्य बाल गंगाधर तिलक

बाल गंगाधर तिलक भारत के सबसे महत्वपूर्ण नेताओं में से एक थे. उन्होंने 1881 में दो साप्ताहिक पत्रिकाएँ शुरू कीं, जिनका नाम मराठा और केसरी है. उन्हें भारतीय विरासत से बहुत लगाव था और वे शिवाजी के भक्त भी थे. उन्होंने सहकारिता और देशभक्ति की भावना को बढ़ावा देने के लिए गणपति और शिवाजी जैसे त्योहारों का पुनर्गठन किया. अगस्त 1920 में उनका निधन हो गया. उनके कहे गए महत्वपूर्ण शब्दों के लिए हमेशा याद किया जाएगा. ये शब्द थे, "स्वराज मेरा जन्मसिद्ध अधिकार है और मैं इसे लेकर रहूंगा."

जन्म - 13-07-1856

समय - 06:59

स्थान - चिखली, दापोली

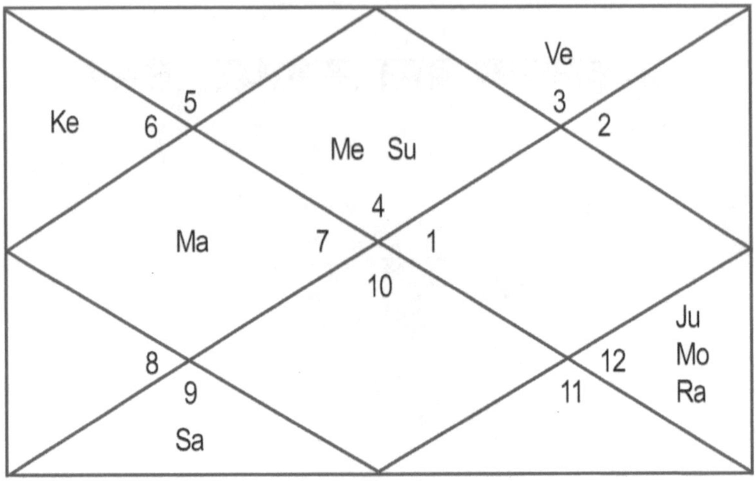

लग्न - कर्क

राशी - मीन

वक्री ग्रह - नही

लोकमान्य बाल गंगाधर तिलक की कुंडली का विश्लेषण उनके महान व्यक्तित्व, क्रांतिकारी सोच और विद्वता को दर्शाता है. ज्योतिषीय गणना के अनुसार, तिलक का जन्म कर्क (Cancer) लग्न और मीन (Pisces) राशि में हुआ था.

उनकी कुंडली की मुख्य विशेषताएं निम्नलिखित हैं:

कुंडली के मुख्य योग और ग्रह स्थिति

- लग्न और लग्नेश: उनका जन्म कर्क लग्न में हुआ था. लग्नेश चंद्रमा भाग्य स्थान (9वें भाव) में स्थित है, जो उन्हें एक प्रभावशाली व्यक्तित्व और जन-जन का प्रिय "लोकमान्य" बनाता है.
- बुध और सूर्य की स्थिति: उनकी कुंडली के लग्न भाव में बुध और सूर्य की युति है. बुध बुद्धि का कारक है और सूर्य तेज का. इस युति ने उन्हें एक प्रखर वक्ता, लेखक और गणितज्ञ बनाया.

- शनि का प्रभाव: शनि उनके 6वें भाव (शत्रु और संघर्ष) में स्थित है. ज्योतिष शास्त्र के अनुसार, 6वें भाव का शनि शत्रुओं पर विजय दिलाता है, जिससे वे ब्रिटिश शासन के विरुद्ध निडर होकर संघर्ष कर सके.
- मंगल का साहस: मंगल की मजबूत स्थिति ने उन्हें "भारतीय असंतोष का जनक" बनाने में महत्वपूर्ण भूमिका निभाई, जिससे उनमें देश के लिए क्रांतिकारी कदम उठाने का साहस आया.

व्यक्तित्व पर ज्योतिषीय प्रभाव

- विद्वता: 5वें भाव (विद्या) और 9वें भाव (धर्म/भाग्य) के स्वामियों के शुभ प्रभाव के कारण उन्होंने 'ओरियन' और 'आर्कटिक होम इन द वेदाज' जैसे प्रसिद्ध ग्रंथों की रचना की.
- कारावास योग: कुंडली में कुछ ग्रहों के विशिष्ट योगों के कारण उन्हें अपने जीवन में कई बार कठिन जेल यात्राएं (जैसे मंडाले जेल) भी सहनी पड़ीं.
- लोकप्रियता: चंद्रमा के मजबूत होने से वे जनता के बीच अत्यंत लोकप्रिय रहे और उन्होंने 'गणेश उत्सव' व 'शिवाजी उत्सव' के माध्यम से समाज को एकजुट किया.

विनायक दामोदर सावरकर

विनायक दामोदर सावरकर (28 मई 1883 - 26 फरवरी 1966) एक भारतीय राजनीतिज्ञ और विचारक थे. सावरकर ने 1922 में रत्नागिरी में कैद के दौरान हिंदुत्व की हिंदू राष्ट्रवादी राजनीतिक विचारधारा विकसित की. वे हिंदू महासभा के एक प्रमुख व्यक्ति थे.

जन्म - 28-05-1883

समय - 21:25

स्थान - भगूर, नाशिक

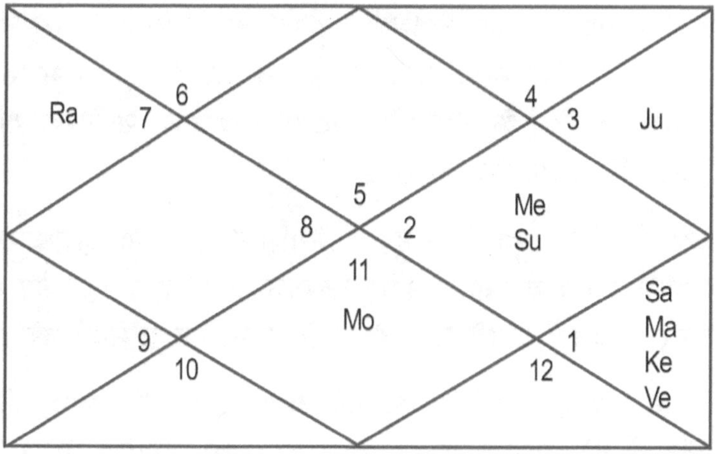

लग्न - सिंह

राशी - कुंभ

वक्री - बुध

(वीर सावरकर) की कुंडली का विश्लेषण उनके असाधारण और संघर्षपूर्ण जीवन की झलक पेश करता है. ज्योतिषीय गणनाओं के अनुसार, उनका जन्म 28 मई 1883 को नासिक के पास भगूर में हुआ था.

सावरकर की कुंडली के मुख्य बिंदु निम्नलिखित हैं:

लग्न और राशि: वीर सावरकर का जन्म सिंह लग्न और कुंभ राशि में हुआ था. सिंह लग्न उन्हें एक स्वाभाविक नेता, आत्मविश्वासी और अडिग व्यक्तित्व प्रदान करता था, जबकि कुंभ राशि का चंद्रमा उन्हें मौलिक और क्रांतिकारी विचार देता था.

दशम भाव (कर्म स्थान) में सूर्य: उनकी कुंडली के दसवें भाव (राजसत्ता और कर्म) में सूर्य की स्थिति ने उन्हें एक प्रखर राष्ट्रवादी और प्रभावशाली वक्ता बनाया. सूर्य की इस मजबूत स्थिति ने उन्हें समाज में एक विशिष्ट स्थान और मान-सम्मान दिलाया.

मंगलाष्टक और संघर्ष: मंगल की स्थिति उनके जीवन में आने वाले भारी संघर्षों और जेल की सजा (जैसे काला पानी) का संकेत देती है. कुंडली में 'शनि-मंगल' का योग अक्सर व्यक्ति के जीवन में कठोर अनुशासन, शारीरिक यातना और लंबी कैद जैसी स्थितियां पैदा करता है.

बुध और लेखन शक्ति: बुध की अनुकूल स्थिति ने उन्हें एक असाधारण लेखक, कवि और इतिहासकार बनाया. उन्होंने अंदमान की जेल में रहते हुए भी कोयले से दीवारों पर कविताएँ लिखी थीं, जो उनके मानसिक सामर्थ्य को दर्शाता है.

हिंदुत्व की विचारधारा: सावरकर के नवें भाव (धर्म और दर्शन) की प्रबलता ने उन्हें 'हिंदुत्व' की विचारधारा को विकसित करने के लिए प्रेरित किया, जो भारतीय राजनीति में आज भी एक महत्वपूर्ण स्तंभ है.

जीवन की प्रमुख तिथियाँ:

- जन्म: 28 मई 1883
- मृत्यु: 26 फरवरी 1966

महात्मा गांधी

मोहनदास करमचंद गांधी (2 अक्टूबर 1869 - 30 जनवरी 1948) एक भारतीय वकील, उपनिवेशवाद विरोधी राष्ट्रवादी और राजनीतिक विचारक थे, जिन्होंने अहिंसक प्रतिरोध का प्रयोग करते हुए भारत को ब्रिटिश शासन से स्वतंत्रता दिलाने के सफल अभियान का नेतृत्व किया. उन्होंने विश्वभर में नागरिक अधिकारों और स्वतंत्रता के आंदोलनों को प्रेरित किया। उन्हें 1914 में दक्षिण अफ्रीका में पहली बार महात्मा उपाधि से सम्मानित किया गया था, जिसका अर्थ है महान आत्मा वाला या आदरणीय. यह उपाधि विश्व भर में प्रयुक्त होती है.

जन्म - 02-10-1869

समय - 08:36

स्थान - पोरबंदर

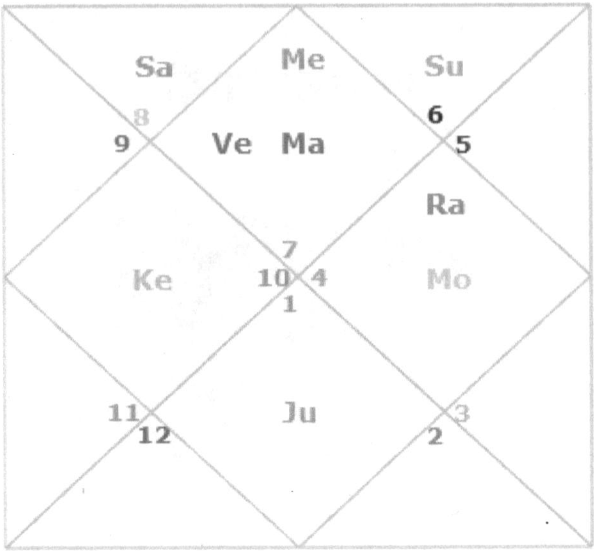

लग्न - तुला

राशि - कर्क

वक्री ग्रह - गुरु

प्रथम भाव में शुक्र, मंगल और बुध तुला राशि में. लग्न वर्गोत्तम.

द्वितीय भाव में शनि, चतुर्थ भाव में केतु

सप्तम भाव मे गुरु. दशम भाव मे राहु. बरहवे भाव मे सूर्य.

मांगलिक कुंडली. मंगल मारकेश.

लग्नेश शुक्र खुद की राशि में मजबूत स्थिति में मालव्य योग बनकर बैठा है.

चंद्र खुद की राशि कर्क में बैठा है. नौ में से सात गृह केंद्र में है. बुध के साथ शुक्र राजयोग बन रहा है. शुक्र द्वितीयस्थ शनि और द्वादश भाव में सूर्य की दृष्टि से पापकर्तरी योग है.

लेकिन लग्नस्थ शुक्र के साथ मारकेश मंगल हिंसक है और आग्नेयास्त्र से हत्या का कारण बना.

मंगल शुक्र युति लग्न में और राहु चन्द्र युति दशम में. ये गृहस्थी रोज़ नई चुनौतियाँ देती है.

सुख भाव में केतु होने से गीता को मां माना. सुखो को त्याग दिया. संन्यासी का जीवन व्यतीत किया. लेकिन फिर भी जनता की तरफ से विलासितापूर्ण जीवन जीने की व्यवस्था होती जा रही है.

नवमेश बुध है शुक्र के साथ.

दशम के दशम में गजकेसरी योग बन रहा है. आत्मविश्वास.

जनता का विश्वास. 11वें स्वामी सूर्य 12वें घर में. विदेशी भूमि में सफलता. आय का स्वामी खर्च के भाव में.

बलि ग्रह शनि - कर्म योगी, मृत्यु, दण्ड, सन्यास, एकांत, मंगल - पराक्रम, बल, विजय. शत्रु को हराना. शुक्र- सुख और ऐश्वर्य.

केतु - प्रतिष्ठा का कारक, मोक्ष

सुभाष चंद्र बोस

सुभाष चंद्र बोस भारत के प्रमुख नेताओं में से एक थे. उन्होंने 1943 में भारतीय राष्ट्रीय सेना (INA) का पुनर्गठन किया। INA की स्थापना 1942 में सिंगापुर में हुई थी और इसे आज़ाद हिंद फौज नाम दिया गया था. 'दिल्ली चलो' और 'जय हिंद' उनके लोकप्रिय नारे थे. भारतीय राष्ट्रीय सेना (INA) को शुरुआती दौर में ही सफलता मिली. 1945 में एक विमान दुर्घटना में इस नेता का निधन हो गया.

जन्म - 23-01-1897

समय - 12:15:41

स्थान - कटक

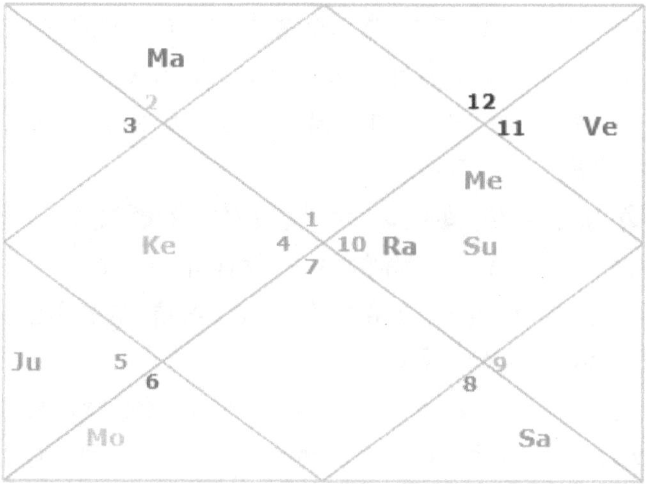

लग्न - मेष

राशी - कन्या

वक्री ग्रह - बुध, गुरु

नेताजी सुभाष चंद्र बोस की कुंडली (23 जनवरी 1897) मेष लग्न की है, जिसमें सूर्य-राहु की युति ने उन्हें निर्भीक क्रांतिकारी, कर्मठ और राष्ट्रभक्त बनाया. मंगल की बलवान स्थिति ने अदम्य साहस दिया, जबकि शनि-मंगल की युति ने सैन्य नेतृत्व क्षमता प्रदान की. दशम भाव में सूर्य-राहु का ग्रहण दोष और गुरु-शुक्र का प्रभाव उनके संघर्षमय जीवन व विदेश यात्राओं को दर्शाता है.

सुभाष चंद्र बोस कुंडली के मुख्य ज्योतिषीय पहलू:

- लग्न और राशि: मेष लग्न (अग्नि तत्व) उन्हें साहसी और नेतृत्वकर्ता बनाता है. चंद्र राशि कन्या है, जो उन्हें अनुशासित और रणनीतिकार बनाती है.
- सूर्य-राहु युति (दशम भाव): कर्म स्थान पर सूर्य (राजा/नेतृत्व) और राहु (क्रांति/अचानक बदलाव) की युति ने उन्हें ब्रिटिश शासन के खिलाफ खड़ा किया और भारतीय राष्ट्रीय कांग्रेस में एक विद्रोही नेता के रूप में स्थापित किया.

- मंगल का प्रभाव (पराक्रम): मंगल साहस का कारक है. उनकी कुंडली में मंगल की बली स्थिति के कारण ही उन्होंने 'आजाद हिंद फौज' का गठन किया और 'तुम मुझे खून दो, मैं तुम्हें आजादी दूंगा' जैसा मंत्र दिया.
- शनि और संघर्ष: कर्म स्थान पर शनि की दृष्टि ने उन्हें जीवन भर संघर्ष, कारावास और निर्वासन का सामना कराया.
- गुरु का प्रभाव: बृहस्पति ने उन्हें उच्च आदर्शों, दूरदर्शिता और दार्शनिक दृष्टिकोण से प्रेरित किया.
- मृत्यु के योग (विवादास्पद): ज्योतिषीय विश्लेषण के अनुसार, 18 अगस्त 1945 के आसपास महादशा में बृहस्पति (12वें भाव) और अंतर्दशा में चंद्रमा (6ठे भाव) के कारण हिंसक या रहस्यमयी मृत्यु के संकेत मिलते हैं.

नेताजी सुभाष चंद्र बोस की कुंडली का विश्लेषण उनके असाधारण व्यक्तित्व, नेतृत्व क्षमता और उनके जीवन के रहस्यों को उजागर करता है। उनका जन्म 23 जनवरी 1897 को कटक, ओडिशा में हुआ था। ज्योतिषीय गणनाओं के अनुसार, उनकी कुंडली के मुख्य पहलू निम्नलिखित हैं:

मुख्य ग्रह योग और राशियाँ

- लग्न और राशि: नेताजी का जन्म मेष लग्न (Aries Ascendant) और कन्या राशि (Virgo Moon Sign) में हुआ था. मेष लग्न उन्हें साहसी, ऊर्जावान और एक स्वाभाविक नेता बनाता है.
- सूर्य-राहु की युति: उनकी कुंडली के दशम भाव (कर्म भाव) में सूर्य और राहु की शक्तिशाली युति थी. यह योग उन्हें एक क्रांतिकारी और अपरंपरागत विचारक बनाता है, लेकिन साथ ही उनके जीवन और अंत को रहस्यमयी भी बनाता है.
- बुध और शुक्र: ये ग्रह उनकी बुद्धिमत्ता और कूटनीतिक कौशल को दर्शाते हैं, जिससे वे अंतरराष्ट्रीय स्तर पर सैन्य और राजनीतिक संबंध बनाने में सफल रहे.

2. क्रांतिकारी व्यक्तित्व का आधार

मंगल का प्रभाव: मेष लग्न का स्वामी मंगल है, जो साहस और युद्ध का कारक है। इसी प्रभाव के कारण उन्होंने 'आजाद हिंद फौज' का गठन किया और अंग्रेजों के खिलाफ सशस्त्र संघर्ष का रास्ता चुना.

शनि की स्थिति: शनि की मजबूत स्थिति ने उन्हें अनुशासित और कठिन परिस्थितियों में भी अडिग रहने वाला बनाया.

3. जीवन के रहस्य और ज्योतिषीय कारण

उनकी कुंडली में ग्रहों की विशिष्ट स्थिति (विशेषकर राहु का प्रभाव) उनके भाग्य में अचानक उतार-चढ़ाव और रहस्यमय परिस्थितियों को जन्म देती है. यही कारण है कि उनकी मृत्यु से जुड़े विवाद आज भी इतिहास का एक अनसुलझा अध्याय हैं.

4. महत्वपूर्ण जीवन घटनाएँ

कारक	ज्योतिषीय प्रभाव
शिक्षा और ICS	बुध की मजबूती ने उन्हें अत्यंत मेधावी बनाया.
नेतृत्व (नेताजी)	दशम भाव में सूर्य के प्रभाव ने उन्हें 'नेताजी' की उपाधि और वैश्विक पहचान दिलाई.
संघर्ष	छठे और आठवें भाव के ग्रहों ने उनके जीवन में निरंतर निर्वासन और संघर्ष पैदा किया.

पंडित नेहरू

जवाहरलाल नेहरू (14 नवंबर 1889 - 27 मई 1964) एक भारतीय उपनिवेशवाद-विरोधी राष्ट्रवादी, धर्मनिरपेक्ष मानवतावादी, सामाजिक लोकतांत्रिक, और राजनेता थे, जो 20वीं शताब्दी के मध्य में भारत के एक प्रमुख व्यक्तित्व थे। नेहरू 1930 और 1940 के दशक में भारतीय राष्ट्रवादी आंदोलन के प्रमुख नेता थे। 1947 में भारत की स्वतंत्रता के बाद, उन्होंने 16 वर्षों तक देश के पहले प्रधानमंत्री के रूप में कार्य किया। नेहरू ने 1950 के दशक के दौरान संसदीय लोकतंत्र, धर्मनिरपेक्षता और विज्ञान एवं प्रौद्योगिकी को बढ़ावा दिया, जिससे एक आधुनिक राष्ट्र के रूप में भारत के विकास पर गहरा प्रभाव पड़ा। अंतरराष्ट्रीय मामलों में, उन्होंने भारत को शीत युद्ध के दो गुटों से दूर रखा। एक प्रख्यात लेखक के रूप में, उन्होंने 'लेटर्स फ्रॉम अ फादर टू हिज डॉटर' (1929), 'एन ऑटोबायोग्राफी' (1936) और 'द डिस्कवरी ऑफ इंडिया' (1946) जैसी पुस्तकें लिखीं, जिन्हें दुनिया भर में पढ़ा गया है।

जन्म - 14-11-1889

समय - 23:30

स्थान - अलाहाबाद

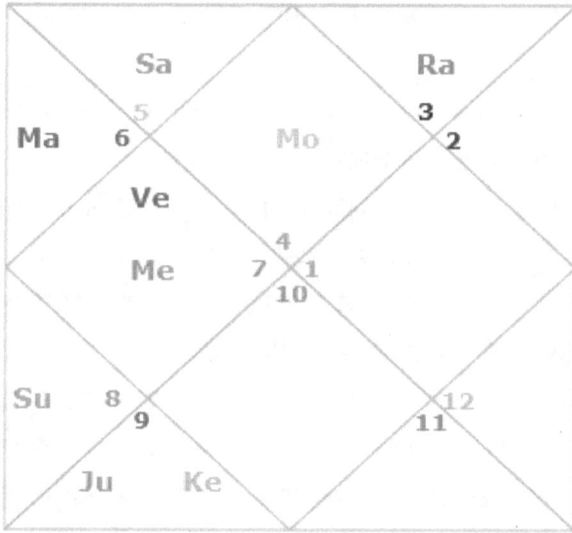

लग्न - कर्क,

राशी - कर्क

वक्री ग्रह - नही

पंडित जवाहरलाल नेहरू की कुंडली (जन्म 14 नवंबर 1889, इलाहाबाद) में कर्क लग्न और कर्क राशि थी. कर्क लग्न और लग्न में चंद्रमा का स्थित होना उन्हें भावुक और कुशल बनाता था. वृश्चिक राशि में सूर्य, मंगल की मित्र राशि में होने और चतुर्थ भाव में शुक्र के 'मालव्य पंचमहापुरुष योग' में होने से वे भारत के जनता से गहराई से जुड़े थे, साथ ही उन्हें राजनीतिक सफलता और नेतृत्व क्षमता भी मिली.

कुंडली का ज्योतिषीय विश्लेषण

- कर्क लग्न और चंद्रमा: लग्न में कर्क लग्न और चंद्रमा का स्थित होना उनके करिश्माई व्यक्तित्व और भारत के प्रति गहरी भावना को दर्शाता है. चंद्रमा का लग्न में होना उन्हें भावनात्मक और संवेदनशील बनाता है.

- द्वितीय भाव मे शनि. 7वें और 8वें घर का स्वामी. चतुर्थ भाव पर दृष्टि.
- तृतीय भाव मे मंगल योगकारक. 10वें और 5वें भाव का स्वामी. गुरु पर मंगल की दृष्टि. राजयोग और संघर्ष.
- चतुर्थ भाव में शुक्र: चतुर्थ भाव में तुला राशि में शुक्र का 'मालव्य पंचमहापुरुष योग' बनाना उन्हें जनता के बीच प्रिय बनाता है. यह जनता का भाव है. यह योग दर्शाता है कि वे जनता के बीच लोकप्रिय होंगे. और महिलाओं में भी लोकप्रिय.
- द्वितीय भाव का स्वामी सूर्य पंचम भाव में है. पुत्र संतान नहीं है. वृश्चिक राशि में सूर्य होना उन्हें अंतर्ज्ञान और रहस्यों को समझने की क्षमता देता है, जो एक नेता के लिए महत्वपूर्ण है. यह उन्हें दृढ़ इच्छाशक्ति और दबाव में भी काम करने की क्षमता प्रदान करता है.
- षष्ठ भाव मे गुरु अपनी ही राशी मे: केतू के साथ. गुरु की दृष्टि 12वें घर पर. विदेशों में लोकप्रिय.
- राहु-शनि का प्रभाव: राहु की महादशा में चीन आक्रमण के कारण भारत की हार को वे सहन नहीं कर पाए, जिससे वे रोगग्रस्त हो गए. राहु में बुध की अंतर्दशा में उनका निधन हुआ.

प्रमुख बिंदु

- राजनीतिक नेतृत्व: उनकी कुंडली में राजनीतिक सफलता के प्रबल योग थे. कर्क लग्न और चतुर्थ भाव में शुक्र की उपस्थिति ने उन्हें जनता के बीच लोकप्रिय बनाया.
- भावुकता और बौद्धिकता: कर्क लग्न और चंद्रमा की स्थिति ने उन्हें भावुक और बौद्धिक रूप से कुशाग्र बनाया.
- जनता से जुड़ाव: कर्क राशि का चंद्रमा उन्हें भारत से गहराई से जोड़ता था, जिससे उन्हें भारत के भविष्य के लिए दूरदर्शिता मिली.
- विवाद और संघर्ष: कुंडली में कुछ ग्रहों की स्थिति के कारण उन्हें राजनीतिक और व्यक्तिगत जीवन में संघर्षों का सामना करना पड़ा, जैसे कि पत्नी की मृत्यु और चीन-भारत युद्ध का प्रभाव.

इंदिरा गांधी

इंदिरा गांधी का पूरा नाम इंदिरा प्रियदर्शिनी गांधी था। वह भारत की पहली और अब तक की एकमात्र महिला प्रधानमंत्री रही हैं। इनका जन्म 19 नवम्बर 1917 को इलाहाबाद के नेहरू परिवार में हुआ था। इनके पिता देश के पहले प्रधानमंत्री जवाहरलाल नेहरू और इनकी माता कमला नेहरू थीं। प्रधानमंत्री के साथ ही इंदिरा गांधी कांग्रेस पार्टी की वरिष्ठ नेता भी थीं। इंदिरा गांधी अब तक की ऐसी पहली प्रधानमंत्री हैं जिन्होंने देश में फैली अव्यवस्था और अराजकता को देखते हुए आपातकालीन स्थिति की घोषणा की थी। 31 अक्टूबर 1984 को इंदिरा गांधी के ही दो बॉडीगार्ड्स ने उनकी हत्या कर दी थी।

जन्म - 19-11-1917

समय - 23:11

स्थान - अलाहाबाद

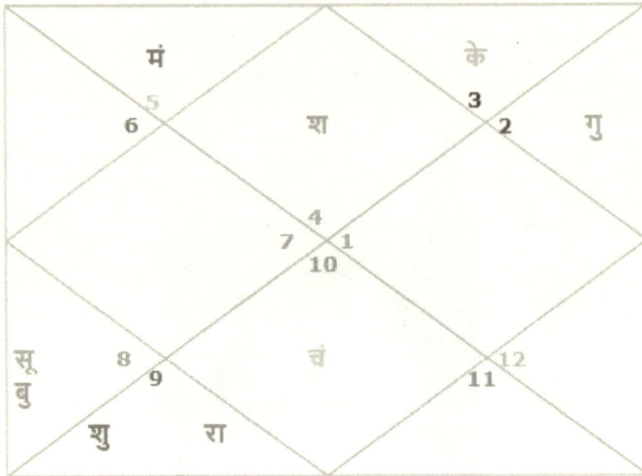

लग्न - कर्क

राशी - मकर

वक्री ग्रह - गुरु

इंदिरा गांधी की कुंडली कर्क लग्न और मकर राशि की है, जो उन्हें एक दृढ़ निश्चयी, साहसी और "आयरन लेडी" का व्यक्तित्व देता है. 19 नवंबर 1917 को जन्मी, उनकी कुंडली में सूर्य-बुध की युति और मकर राशि में चंद्रमा उन्हें बेहतरीन नेतृत्व क्षमता और राजनीतिक समझ प्रदान करते हैं, लेकिन साथ ही यह उन्हें भावुक और अस्थिर मन का भी बनाता है.

इंदिरा गांधी की जन्म कुंडली का विवरण (Kundali Highlights):

- लग्न: कर्क (Karka) - कर्क लग्न वाले व्यक्ति संवेदनशील और भावुक होते हैं, लेकिन जरूरत पड़ने पर सख्त फैसले लेने में पीछे नहीं हटते।
- राशि (Moon Sign): मकर (Makara) - उत्तराषाढ़ा नक्षत्र।
- सूर्य राशि: वृश्चिक (Scorpio) - विशाखा नक्षत्र।
- प्रमुख योग: कुंडली में महाभाग्य योग (महिला के लिए: सूर्यास्त के बाद जन्म, लग्न-सूर्य-चंद्रमा सम राशि में) है, जो उन्हें अपार शक्ति, प्रसिद्धि और असाधारण नेतृत्व क्षमता प्रदान करता है।

- राजयोग: केंद्र और त्रिकोण के स्वामी मंगल का संबंध इन्हें प्रबल राजयोग का फल देता है।

प्रमुख ग्रहों का प्रभाव (Planetary Analysis):

- पंचम भाव में सूर्य-बुध: वृश्चिक राशि में सूर्य और बुध की युति उन्हें साहसी, हठी और राजनीति में चतुर बनाती है।
- चंद्रमा (मकर): यह उन्हें एक मेहनती लेकिन अंदर से संवेदनशील व्यक्तित्व देता है।
- मंगल (कारक ग्रह): कर्क लग्न में मंगल सबसे ज्यादा प्रबल कारक और योगकारी ग्रह है, जो शक्ति का प्रतीक है।

कुंडली के अनुसार व्यक्तित्व और जीवन:

- नेतृत्व और साहस: सूर्य की स्थिति के कारण उनमें सेना या पुलिस जैसी दृढ़ता थी, जो कठिन फैसले लेने में काम आई।
- भावुक और चतुर: कर्क लग्न के कारण वे बाहर से सख्त लेकिन अंदर से बहुत कोमल और संवेदनशील थीं।
- राजनीतिक जीवन: कुंडली में शनि-राहु-चंद्रमा की स्थिति संघर्ष और जीवन के अंतिम समय में चुनौतियां (अक्टूबर 1984 में मृत्यु) दर्शाती है।

कुंडली के मुख्य बिंदु

- कर्क लग्न: उनका लग्न कर्क है, जिसका स्वामी चंद्रमा सप्तम भाव में मकर राशि में स्थित है।
- परिवर्तन राजयोग: उनकी कुंडली में तीन प्रमुख 'परिवर्तन राजयोग' (ग्रहों का एक-दूसरे की राशि में बैठना) थे, जो अत्यंत शुभ माने जाते हैं:

  1. लग्न और सप्तम भाव का स्वामी (चंद्रमा और शनि) एक-दूसरे की राशि में।

2. द्वितीय और पंचम भाव का स्वामी (सूर्य और मंगल) एक-दूसरे की राशि में।
3. षष्ठ और नवम भाव का स्वामी (बृहस्पति और शुक्र) एक-दूसरे की राशि में।

महत्वपूर्ण ग्रह स्थितियाँ:

- शनि: लग्न में स्थित होकर उन्हें अनुशासन और दृढ़ संकल्प दिया।
- मंगल: पंचम भाव में स्थित होकर साहस और रणनीतिक कौशल प्रदान किया।

नरेंद्र मोदी

नरेंद्र दामोदरदास मोदी (जन्म 17 सितंबर 1950) एक भारतीय राजनीतिज्ञ हैं, जो 2014 से भारत के प्रधानमंत्री के रूप में कार्यरत हैं। मोदी 2001 से 2014 तक गुजरात के मुख्यमंत्री रहे और वाराणसी से सांसद हैं। वे भारतीय जनता पार्टी (भाजपा) और राष्ट्रीय स्वयंसेवक संघ (आरएसएस) के सदस्य हैं, जो एक दक्षिणपंथी हिंदुत्ववादी अर्धसैनिक स्वयंसेवी संगठन है। वे भारतीय राष्ट्रीय कांग्रेस के बाहर सबसे लंबे समय तक प्रधानमंत्री रहने वाले व्यक्ति हैं।

जन्म - 17 सितंबर 1950

समय - सुबह 11:00

स्थान - मेहसाणा

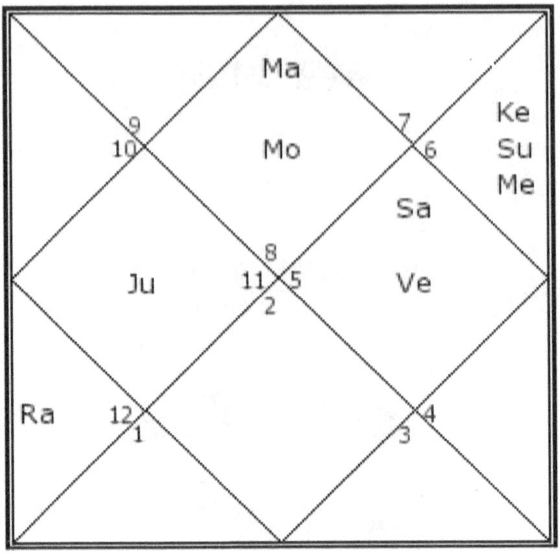

लग्न - वृश्चिक

राशि: वृश्चिक

वक्री ग्रह - बुध, गुरु

लग्न स्वामी: मंगल.

कालपुरुष की कुंडली मे वृश्चिक का आठवा घर होता है, जो छुपी चिजो का होता है. ऐसे लोग अपनी सोच का कुछ हिस्सा छुपाकर रखते है. सब कुछ दुसरो को बताते नही है.

वृश्चिक राशी का स्वामी मंगल खुद की राशी मे लग्न मे बैठा है. चंद्रमा भी लग्न मे बैठा है. वृश्चिक राशी मे चंद्रमा नीच का होता है. मंगल के साथ बैठा है तो नीचभंग हो गया. मंगल मतलब ऊर्जा, चंद्रमा मतलब मन, सोच. मंगल और चंद्रमा एक साथ हो तो महालक्ष्मी योग माना जाता है. मंगल केंद्र मे अपनी ही राशी मे पंच महापुरुष योग बना रहा है.

ऐसे लोग मानसिक और शारीरिक रूप से बहोत सक्रिय होते है और जल्दी थकते नही. चंद्रमा नौवे घर का मालिक है और लग्न मे आकर लग्नेश का

साथ बैठा है. ऐसे लोग बहोत ज्यादा भाग्यशाली होते है. किस्मत भी ऐसे लोगो का साथ देती है. नौवा घर गुरु का भी होता है. इसलिये इन्हे बडे लोगो की सहायता और समर्थन भी मिलता है. नौवा घर धर्म त्रिकोण का भी एक घर होता है.

दसवे घर मे शुक्र है जो बारहवे घर का मालिक है. उसके साथ शनी है जो तिसरे और चौथे घर का मालिक है. शनी सिंह राशी मे अच्छा नही होता. लेकिन वो चौथे घर को देख रहा है. चौथा घर माँ का होता है. ऐसे व्यक्तीयो की माँ की आयु लंबी होती है. गुरु भी चौथे घर से दसवे घर पर कृपा द्रिष्टी डाल रहा है. शुक्र सातवे घर का मालिक है. वो शनी के साथ दसवे घर मे बैठा है जहाँ शनी अच्छी स्थिती मे नही है. तो शादीशुदा जिंदगी अच्छी नही होगी. गुरु देख रहा है इसलिये शादी तो होगी. नही तो शादी भी नही हो पाती. शनी दसवी द्रीष्टी से सातवे घर को देख रहा है. और सातवे घर के स्वामी के साथ भी बैठा है. ऐसे मे शनी ने दाम्पत्य जीवन समाप्त कर दिया है.

ग्यारहवे घर मे केतू, सूर्य और बुध बैठे है. ऐसे लोगों के पास धन होता है. लेकिन केतू कि वजह से धनसे अलगाव भी रहता है. ग्यारहवे घर का मालिक तो बुध है, लेकिन उस पर केतू का प्रभाव आ गया. पैसा तो होगा लेकिन चाह नही होगी. सूर्य दसवे घर का मालिक है और ग्यारहवे मे बैठा है. समाज मे अच्छी स्थिती होगी. मान सम्मान मिलेगा. दसवे और ग्यारहवे घर के संबंध की वजह से इन्सान अपने व्यवसाय मे बहोत उंचाई पे जायेगा.

शनी की वजह से इनका काम जमिनी स्तर से सुरू होता है. कार्यकर्ता से काम शुरु कर मुख्यमंत्री और बाद मे प्रधान मंत्री बने. शनी की वजह से प्रगती धीरे धीरे लेकिन कायम या स्थायी स्वरूप की होती है.

राहू पांचवें घर मे है. ये घर संतती का होता है. उसके बारे मे बात नही कर सकते. लेकिन ये घर मानसिक क्षमताओ का भी होता है. क्षमता बढाने का जुनून होता है. पांचवें घर का मालिक चौथे घर मे राजयोग बनाकर बैठा है. पांचवें घर का मालिक चौथे घर मे बैठा है और चौथे घर के मालिक जो दसवे

घर मे है उसको देख रहा है. यह बता रहा है की पिछले जन्म का पुण्य लेकर आए है, जिसका इनके काम मे फायदा हो रहा है. पांचवें घर का मालिक गुरु देख रहा है शुक्र को. लेकिन शुक्र बारहवे घर का मालिक है. मतलब घर से दूर जाकर ही उन्हे सफलता मिलेगी. देश के बाहर भी बहोत मान सम्मान मिलेगा.

ब्लादिमीर पुतिन

ब्लादिमीर पुतिन रशियन राजनीतिज्ञ और साल 2012 से लेकर अब तक रूस के राष्ट्रपति हैं. साल 2018 में हुए राष्ट्रपति चुनाव में पुतिन को 76 प्रतिशत वोट मिले थें. वो इसके पहले भी 13 साल तक रुस के राष्ट्रपति रह चुके हैं. पुतिन का जन्म 07 अक्टूबर 1952 को सेंट पीटर्सबर्ग में हुआ था. पुतिन की शादी 1984 में हुई, उनकी पत्नी का नाम ल्यूडमिला पुतिन है. पुतिन के दो बच्चे हैं, येकातेरिना पुतिन और मारिया पुतिन. फिलहाल इस पत्नी के साथ पुतिन का तलाक हो चुका है.

जन्म - 07-10-1952

समय - 09:30

स्थान - सेंट पीटर्सबर्ग

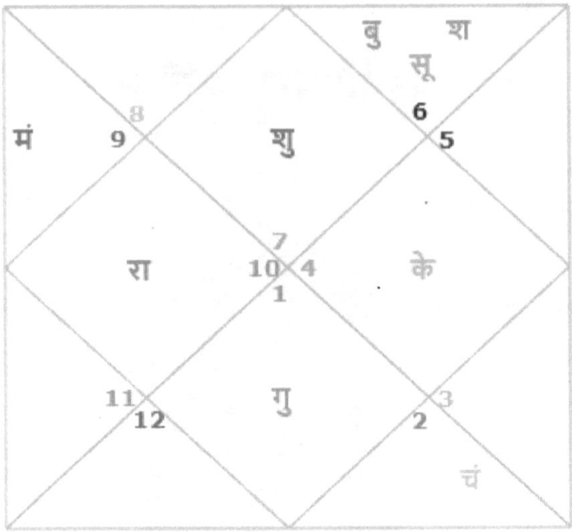

लग्न - तुला

राशी - वृषभ

वक्री ग्रह - गुरु

व्लादिमीर पुतिन की कुंडली तुला लग्न की है, जिसमें चतुर्थ भाव में राहु और दशम भाव में केतु की स्थिति उन्हें अत्यंत महत्वाकांक्षी, रणनीतिक और आक्रामक नेतृत्व क्षमता प्रदान करती है.

शनि-मंगल की स्थिति और बुध की महादशा उन्हें कठोर निर्णय लेने वाला बनाती है, लेकिन अप्रैल 2025 के बाद चुनौतियां और स्वास्थ्य समस्याएं बढ़ सकती हैं.

व्लादिमीर पुतिन की कुंडली का प्रमुख ज्योतिषीय विश्लेषण (Astrological Analysis):

- लग्न (Ascendant): तुला (Libra) - यह उन्हें कूटनीतिक लेकिन दृढ़ निश्चयी बनाता है.
- चतुर्थ भाव में राहु: यह उन्हें साहसी, चालाक और कभी-कभी जोखिम लेने वाला बनाता है.

- दशम भाव में केतु: केतु की स्थिति उन्हें राजनीति में गहरा प्रभाव और सत्ता पर लंबे समय तक नियंत्रण (22+ वर्ष) प्रदान करती है.
- चंद्रमा की स्थिति: चंद्रमा वृषभ राशि में उच्च का है, जो मानसिक मजबूती देता है.
- वर्तमान दशा/गोचर (2025-2026): बुध में केतु की दशा (अप्रैल 2025 से) आक्रामकता बढ़ा सकती है. 2026 में शनि का दबाव और गोचर उन्हें अपने भरोसेमंद सहयोगियों पर निर्भर कर सकता है.
- स्वास्थ्य और भविष्य: 2025 के बाद स्वास्थ्य में गिरावट की संभावना है. केतु की दशा उनके लिए चुनौतियां बढ़ा सकती है.

डोनाल्ड ट्रम्प

डोनाल्ड ट्रम्प संयुक्त राज्य अमेरिका के वर्तमान और 45वें राष्ट्रपति हैं. रिपब्लिकन पार्टी के सदस्य, उन्होंने 2016 में राष्ट्रपति चुनाव लड़ा और 16 अन्य प्रमुख प्रतिद्वंद्वियों को हराया. अपनी राजनीतिक प्रसिद्धि के अलावा, वे एक शक्तिशाली व्यवसायी, टेलीविजन हस्ती और लेखक भी हैं. वे ट्रम्प एंटरटेनमेंट रिसॉर्ट्स के संस्थापक और ट्रम्प ऑर्गनाइजेशन के संस्थापक और अध्यक्ष हैं. उन्हें 2011 की फोर्ब्स सेलिब्रिटी 100 सूची में 17वां स्थान मिला था. उनकी बेबाक शैली, खर्चीली जीवनशैली और एनबीसी के रियलिटी शो 'द अप्रेंटिस' में उनकी भूमिका ने उन्हें एक प्रसिद्ध हस्ती बना दिया.

जन्म - 14-06-1946

समय - 10:54

स्थान - जमैका

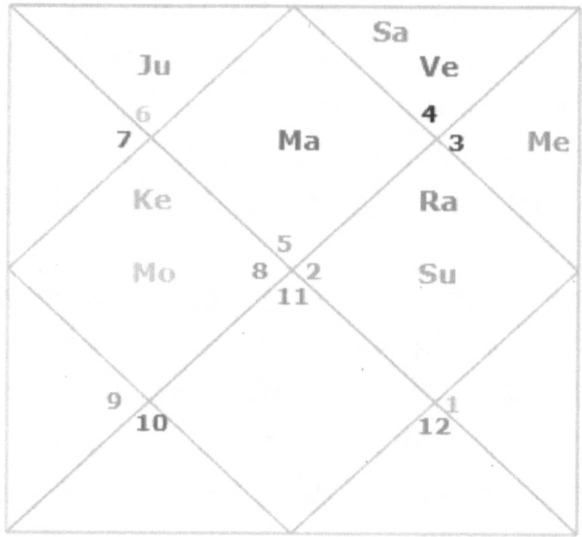

लग्न - सिंह

राशी - वृश्चिक

वक्री ग्रह - गुरु

डोनाल्ड ट्रम्प की कुंडली (सिंह लग्न और वृश्चिक राशि) में सूर्य-राहु की युति और 'नीच भंग' राजयोग उन्हें एक अजेय, अड़ियल और चंचल मन वाला नेता बनाते हैं, जो अक्सर अप्रत्याशित फैसले लेते हैं. वर्तमान में गुरु-शुक्र की दशा (अक्टूबर 2024-जुलाई 2027) उन्हें सफलता तो दे रही है, लेकिन 2026-2027 में विवाद, स्वास्थ्य समस्याएं और कूटनीतिक चुनौतियों के कारण बड़े संकट का संकेत भी दे रही है.

डोनाल्ड ट्रम्प की कुंडली का मुख्य ज्योतिषीय विश्लेषण:

- लग्न और राशि: सिंह लग्न (Leo Ascendant) के कारण वे अभिमानी, नेतृत्व क्षमता से भरपूर और जिद्दी स्वभाव के हैं. वृश्चिक राशि (Scorpio Moon) उनके मन को अस्थिर और गहरा बनाती है.

- दशम भाव (कर्म/सत्ता): दशम भाव में सूर्य और राहु की युति 'ग्रहण योग' बनाती है, जो विवादित फैसले, आक्रामकता और विरोधियों के बढ़ने का कारण बनता है.
- राजयोग: लग्न में मंगल (योगकारक) और चंद्रमा पर दृष्टि, 'नीच भंग' राजयोग बनाती है, जो उन्हें विपरीत परिस्थितियों में भी जीत दिलाता है.
- वर्तमान दशा और गोचर (2025-2026): अक्टूबर 2024 से जुलाई 2027 तक गुरु की महादशा में शुक्र की अंतर्दशा चल रही है, जो राजनीति में सफलता देती है लेकिन व्यवहार में उग्रता लाती है. शनि का मीन राशि (अष्टम भाव) में गोचर 2026-2027 में उनके लिए बड़ा संकट और स्वास्थ्य संबंधी समस्याएं ला सकता है.

2026-2027 का पूर्वानुमान: ज्योतिषाचार्यों के अनुसार, 2026 और 2027 में वे और अमेरिका दोनों बड़ी मुश्किलों में फंस सकते हैं, क्योंकि अष्टम भाव का राहु-शनि उनके निर्णयों को विवादास्पद बना देगा.

मुख्य विशेषता: उनकी कुंडली में "राहु जिसके दस में, दुनिया उसके वश में" वाली स्थिति है, जो उन्हें अप्रत्याशित सफलता दिलाती है.

डोनाल्ड ट्रंप की कुंडली का ज्योतिषीय विश्लेषण (Horoscope Analysis) उनके व्यक्तित्व और राजनीतिक जीवन के बारे में कई महत्वपूर्ण जानकारी देता है। ज्योतिषियों के अनुसार, उनकी कुंडली की मुख्य विशेषताएं निम्नलिखित हैं:

- सिंह लग्न (Leo Ascendant): ट्रंप की कुंडली सिंह लग्न की है। इस लग्न का स्वामी सूर्य होता है, जो व्यक्ति को साहसी, आत्मविश्वासी और नेतृत्व क्षमता वाला बनाता है। यही कारण है कि वे एक मुखर और प्रभावशाली व्यक्तित्व के स्वामी माने जाते हैं।
- दशम भाव में राहु (Rahu in 10th House): उनकी कुंडली के दसवें भाव (कर्म भाव) में राहु की स्थिति उन्हें कूटनीति और राजनीति में सफलता दिलाती है। ज्योतिष शास्त्र में कहा जाता है कि "राहु जिसके

दस में, दुनिया उसके वश में", जो उनकी चुनावी जीत और वैश्विक प्रभाव का एक बड़ा कारक माना गया है।

- सूर्य और राहु की युति (Sun-Rahu Conjunction): उनकी कुंडली में सूर्य और राहु का संयोग उन्हें जिद्दी और आक्रामक स्वभाव का बनाता है। इसी कारण वे अक्सर अपने फैसलों पर अडिग रहते हैं, जिससे कभी-कभी विवाद भी उत्पन्न होते हैं।
- राजयोग (Raj Yoga): उनकी कुंडली में कई शक्तिशाली राजयोग विद्यमान हैं, जो उन्हें अपार धन, प्रसिद्धि और सत्ता दिलाते हैं।
- वर्तमान ग्रह स्थिति (2026 Prediction): साल 2026 के लिए ज्योतिषियों का अनुमान है कि ट्रंप की कुंडली विश्व राजनीति में बड़े बदलावों का संकेत दे रही है। उनके निर्णयों का असर न केवल अमेरिका पर, बल्कि पूरी दुनिया और वैश्विक शांति पर भी पड़ने की संभावना है।

मुकेश अंबानी

मुकेश धीरूभाई अंबानी (जन्म 19 अप्रैल 1957) एक भारतीय व्यवसायी हैं। वे रिलायंस इंडस्ट्रीज के अध्यक्ष और प्रबंध निदेशक हैं, जो 2025 में बाजार पूंजीकरण के हिसाब से भारत की सबसे बड़ी सार्वजनिक कंपनी होगी। दिसंबर 2025 तक, वे एशिया के सबसे धनी व्यक्ति और दुनिया के 16वें सबसे धनी व्यक्ति हैं, जिनकी कुल संपत्ति 112.8 बिलियन अमेरिकी डॉलर है। उन्होंने अपनी तरक्की और संपत्ति के कारण प्रसिद्धि हासिल की है।

जन्म - 19-04-1957

समय - 19:53

स्थान - एडन बेरेक

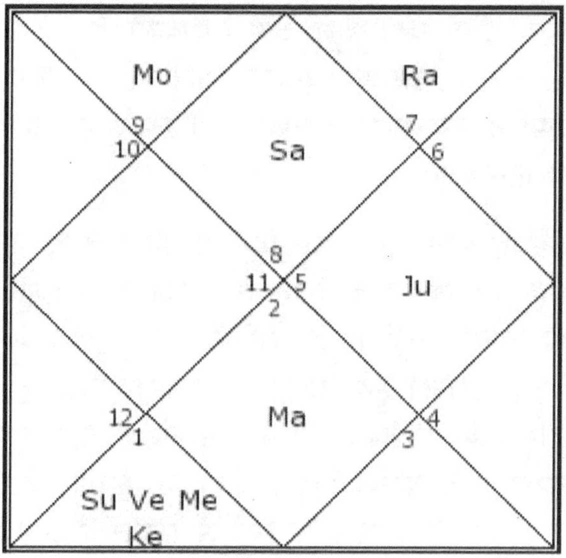

लग्न - वृश्चिक

राशी - धनु

वक्री ग्रह - गुरु, शनी

मुकेश अंबानी की चंद्र राशि धनु है और लग्न वृश्चिक है। मंगल उनका व्यक्तिगत ग्रह है, जो प्रथम भाव (स्वयं) और छठे भाव (स्वयं, ऋण और रोग) का स्वामी है और साझेदारी के सातवें भाव में स्थित है। इससे संकेत मिलता है कि उनकी कुंडली में ग्रहों के कई विशिष्ट संयोजन हैं जो अत्यंत महत्वपूर्ण हैं। ग्रहों की दृष्टियाँ भी प्रगतिशील और सहायक हैं, जो मजबूत राज योग और धन योग (संपत्ति) के लिए अच्छे संयोजन बनाती हैं।

उनकी कुंडली से जुड़े कुछ बेहद रोचक तथ्य और ग्रहों के संयोजन इस प्रकार हैं-

धन योग (संपत्ति योग) का संयोजन-

चंद्रमा नौवें भाव का स्वामी है और धन के दूसरे भाव में स्थित है, जिस पर धन के दूसरे भाव और सृजन एवं सट्टा के पांचवें भाव के स्वामी की दृष्टि है।

बृहस्पति ग्रह उनके लिए बेहद शुभ और लाभकारी है, जो उनकी आय और धन संचय में सहायक है। यह एक मजबूत राज योग को दर्शाता है, जैसा कि उनकी अर्जित संपत्ति, व्यवसाय और शेयरों से स्पष्ट है, जो उन्हें अकल्पनीय आर्थिक सफलता दिलाएगा।

छठा भाव प्रतिस्पर्धा, ऋण और प्रतिद्वंद्वियों का भाव है। मुकेश अंबानी की कुंडली में अधिकांश ग्रह छठे भाव में स्थित हैं, जिनमें आर्थिक और संपत्तिगत लाभ दिलाने की क्षमता नहीं होती। लेकिन, उनके छठे भाव में कुछ ऐसे संयोजन हैं जो उनकी छिपी हुई शक्ति को उजागर करते हैं, जिससे वे कुछ वित्तीय सौदों और शक्तियों को अपने पक्ष में मोड़ने में सक्षम होते हैं। उनकी वाक्पटुता के कारण नहीं, बल्कि विशेष योगों के कारण, जैसे कि दसवें भाव का स्वामी सूर्य, जो अपनी उच्च राशि मेष में स्थित है और दूसरे (धन) और पाँचवें (सट्टेबाजी) भाव के स्वामी बृहस्पति द्वारा दृष्ट है, जो उनके धन लाभ और उसे बनाए रखने में लाभकारी है, और इसी कारण वे अपने प्रतिद्वंद्वियों की नीतियों पर विजय प्राप्त करते हैं।

उन्हें एक अन्य विपरीत राजयोग संयोजन का आशीर्वाद प्राप्त है, जो उन्हें हर पहलू में दूसरों पर विशिष्ट लाभ प्रदान करेगा।

उनकी कुंडली में बारहवें भाव का स्वामी शुक्र छठे भाव में बुध के साथ युति में स्थित है, जो आठवें भाव (अचानक आने वाली बाधाएं या लाभ) और ग्यारहवें भाव (लाभ) का स्वामी है। यह विपरीत राज योग का अच्छा संयोजन है, जो प्रतिकूल परिस्थितियों में भी उन्हें सशक्त बनाता है। वे हमेशा ऐसे सहयोगियों को जुटाने में सक्षम रहते हैं जो अपनी कुशलता से चुनौतियों में उनका साथ देने के लिए तत्पर रहते हैं। साझेदारी और जनसमर्थन या छवि के सातवें भाव में मंगल और प्रतिद्वंद्वियों के भाव में शुक्र की पारस्परिक युति उन्हें प्रतिकूल परिस्थितियों में भी शक्तिशाली बनाती है। इसलिए, अपनी कुशलता से उन्होंने सेवानिवृत्त आईएएस पेशेवरों जैसी पेशेवरों की एक सहायक टीम बनाई है, जो उनके लिए काम करते हैं और अपनी दक्षता से उन्हें प्रतिद्वंद्वियों पर विजय दिलाते हैं।

अतः यह निष्कर्ष निकाला जा सकता है कि मुकेश अंबानी ज्ञान, संवेदनशीलता और विनम्रता के धनी व्यक्ति हैं और वे देश-विदेश के अधिकांश शक्तिशाली और सत्ताधारी लोगों के साथ सौहार्दपूर्ण संबंध बनाए रखेंगे। मंगल और शुक्र के इस पारस्परिक संयोजन से उन्हें एक अच्छा घरेलू जीवन और एक अच्छा जीवनसाथी मिलेगा, साथ ही व्यक्तिगत रूप से सफल घरेलू और व्यावसायिक समझ की सभी मानसिक क्षमता भी प्राप्त होगी।

आगे बढ़ते हुए, हम उनके लिए वर्ष 2021 की झलक भी देख सकते हैं, क्योंकि वे बृहस्पति की मुख्य दशा में रहेंगे, जो उनकी चंद्र राशि का ग्रह है और उनके आर्थिक, व्यक्तिगत और शारीरिक स्वास्थ्य के लिए बहुत शुभ और लाभकारी है। अप्रैल 2022 तक बृहस्पति और शनि की उप दशा शानदार रहेगी, क्योंकि उनका पारिवारिक और व्यक्तिगत जीवन सामंजस्यपूर्ण रहेगा और अपनी-अपनी कक्षाओं में शांतिपूर्वक आगे बढ़ेगा। मुकेश अंबानी का व्यावसायिक दृष्टिकोण और प्रदर्शन सितंबर 2021 तक उत्कृष्ट रहेगा। उनके व्यावसायिक कार्यों के प्रति उनका जुनून और उत्साह सकारात्मक परिणाम लाएगा और वर्ष के अंत और 2022 के आरंभिक भाग में उनके प्रयासों और लाभ में धीरे-धीरे वृद्धि होगी। यह उनकी कड़ी मेहनत और व्यावहारिक दृष्टिकोण के साथ-साथ उनके व्यक्तिगत और व्यावसायिक जीवन में अच्छी गति लाएगा।

रतन टाटा

रतन नवल टाटा (28 दिसंबर 1937 - 9 अक्टूबर 2024) एक भारतीय उद्योगपति, व्यवसायी और परोपकारी थे। उन्होंने 1991 से 2012 तक टाटा समूह और टाटा संस के अध्यक्ष के रूप में कार्य किया, और अक्टूबर 2016 से फरवरी 2017 तक अंतरिम अध्यक्ष का पद संभाला। 2000 में, उन्हें भारत का तीसरा सर्वोच्च नागरिक सम्मान पद्म भूषण प्राप्त हुआ, जिसके बाद 2008 में देश का दूसरा सर्वोच्च नागरिक सम्मान पद्म विभूषण प्राप्त हुआ।

जन्म - 28-12-1937

समय - 06:30

स्थान - मुंबई

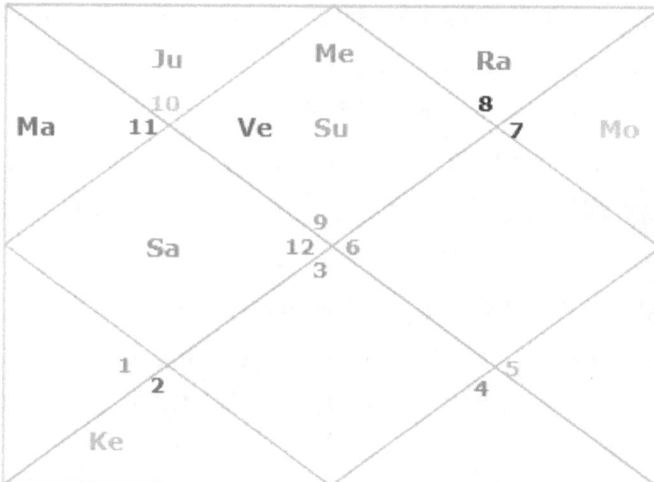

लग्न - धनु

राशी - तुला

वक्री ग्रह - बुध

रतन टाटा की कुंडली (Ratan Tata Kundli) ज्योतिषीय दृष्टिकोण से बहुत ही असाधारण और शक्तिशाली मानी जाती है। उपलब्ध ज्योतिषीय जानकारियों के अनुसार, उनकी कुंडली के मुख्य पहलू इस प्रकार हैं:

- जन्म विवरण: रतन टाटा का जन्म 28 दिसंबर 1937 को सुबह 06:30 बजे मुंबई में हुआ था।
- लग्न और राशि: उनकी कुंडली धनु लग्न (Sagittarius Ascendant) की है और राशि तुला (Libra) है।
- लग्न में शक्तिशाली योग: उनके लग्न (प्रथम भाव) में सूर्य, बुध और शुक्र जैसे ग्रहों की युति बहुत शुभ स्थिति में है, जो उन्हें एक प्रभावशाली व्यक्तित्व और व्यापारिक बुद्धिमत्ता प्रदान करती है।
- धन योग: उनकी कुंडली के दूसरे भाव (धन भाव) में गुरु (बृहस्पति) मौजूद हैं, जो अपार संपत्ति और भाग्य का संकेत देते हैं।

- मंगल का प्रभाव: कुंडली के तीसरे भाव में मंगल की स्थिति उन्हें साहसी निर्णय लेने की क्षमता देती है।
- पारस पत्थर योग: कुछ ज्योतिषी उनकी कुंडली में 'पारस पत्थर योग' (ऐसी युति जो मिट्टी को सोना बना दे) का उल्लेख करते हैं, जो टाटा समूह को ऊंचाइयों पर ले जाने और उनके परोपकारी कार्यों का कारण बना।

  ग्रहों का संयोजन (जैसे कि धनु लग्न में केंद्र और त्रिकोण में मजबूत ग्रह) उन्हें दृढ़ संकल्प, नेतृत्व क्षमता और दूरदर्शिता प्रदान करता है, जो उन्हें सिर्फ एक व्यवसायी नहीं बल्कि एक परोपकारी लीडर बनाता है।

  रतन टाटा की कुंडली के अनुसार, उनका जन्म 28 दिसंबर 1937 को मुंबई में हुआ था। उनकी कुंडली के मुख्य बिंदु नीचे दिए गए हैं:

कुंडली के मुख्य विवरण

- लग्न (Ascendant): धनु (Sagittarius)
- राशि (Moon Sign): तुला (Libra)
- मुख्य ग्रह स्थिति: उनके लग्न में सूर्य, बुध और शुक्र एक साथ स्थित हैं, जो उन्हें एक प्रभावशाली और परोपकारी व्यक्तित्व प्रदान करते हैं।

ग्रहों का प्रभाव और योग

- राजयोग: उनके भाग्य भाव (9वें भाव) के स्वामी सूर्य और कर्म भाव (10वें भाव) के स्वामी बुध की लग्न में युति एक शक्तिशाली राजयोग बनाती है, जो उनकी अपार सफलता का मुख्य कारण है।
- शनि की स्थिति: शनि चौथे भाव में स्थित होकर 10वें भाव पर दृष्टि डाल रहा है, जो उन्हें दीर्घकालिक और लाभकारी निर्णय लेने की क्षमता देता है।
- परोपकारी स्वभाव: लग्न स्वामी गुरु (Jupiter) की स्थिति उन्हें एक दयालु और समाज कल्याण के बारे में सोचने वाला व्यक्ति

बनाती है, यही कारण है कि वे अपने लाभ का बड़ा हिस्सा दान कर देते थे।

- चुनौतियां: उनकी कुंडली में राहु के 10वें भाव में होने के कारण, उन्हें समय-समय पर कानूनी बाधाओं और विवादों (जैसे टाटा-मिस्त्री विवाद) का सामना करना पड़ा।

भाग 4

अभिनेता

ज्योतिष शास्त्र के अनुसार, फिल्म अभिनेताओं के करियर और सफलता में कई ग्रहों की महत्वपूर्ण भूमिका होती है। इनमें प्रमुख ग्रह निम्नलिखित हैं:

- शुक्र (Venus): यह अभिनय, कला, रचनात्मकता, सौंदर्य, ग्लैमर और विलासिता का मुख्य कारक ग्रह है। एक मजबूत शुक्र सफल अभिनय करियर के लिए अत्यंत महत्वपूर्ण माना जाता है, क्योंकि यह व्यक्ति को आकर्षक व्यक्तित्व और कलात्मक प्रतिभा प्रदान करता है।
- बुध (Mercury): बुध संचार, संवाद अदायगी (dialogue delivery), बुद्धि, और नकल करने की क्षमता (mimicking) को नियंत्रित करता है। एक अभिनेता के लिए स्पष्ट और प्रभावशाली संवाद बोलना आवश्यक है, जिसमें बुध सहायता करता है।
- चंद्रमा (Moon): चंद्रमा भावनाओं, कल्पना और जन अपील (public appeal) का प्रतीक है। एक सफल अभिनेता बनने और दर्शकों से भावनात्मक रूप से जुड़ने के लिए एक मजबूत चंद्रमा आवश्यक है।
- सूर्य (Sun): सूर्य प्रसिद्धि, सार्वजनिक पहचान, करिश्मा और नेतृत्व का प्रतिनिधित्व करता है। फिल्म उद्योग में लोकप्रियता और स्टारडम हासिल करने के लिए कुंडली में एक मजबूत सूर्य की स्थिति महत्वपूर्ण होती है।
- राहु (Rahu): राहु अचानक और बड़े पैमाने पर लोकप्रियता (mass popularity), भ्रम (illusion) और ग्लैमर से जुड़ा है। एक प्रभावशाली राहु किसी व्यक्ति को रातों-रात स्टार बना सकता है।
- मंगल (Mars): मंगल ऊर्जा, शारीरिक गतिविधि, और एथलेटिक क्षमताओं को दर्शाता है, जो एक्शन दृश्यों या नृत्य के लिए महत्वपूर्ण हो सकता है।

इन ग्रहों के अलावा, कुंडली के पहला (स्वयं और व्यक्तित्व), तीसरा (संचार, प्रदर्शन कला), पाँचवां (रचनात्मकता, मनोरंजन), सातवां (जनता), और दसवां (करियर, पेशा) भाव भी अभिनय के क्षेत्र में सफलता के लिए महत्वपूर्ण माने जाते हैं।

राज कपूर

रणबीर राज कपूर (14 दिसंबर 1924 - 2 जून 1988) एक भारतीय अभिनेता, फिल्म निर्देशक और निर्माता थे, जिन्होंने हिंदी सिनेमा में काम किया। उन्हें भारतीय सिनेमा के इतिहास में सबसे महान और सबसे प्रभावशाली अभिनेताओं और फिल्म निर्माताओं में से एक माना जाता है। उन्हें भारतीय सिनेमा का सबसे महान शोमैन और साथ ही भारतीय सिनेमा का चार्ली चैपलिन भी कहा जाता है।

लग्न - कर्क

राशी - कर्क

वक्री ग्रह - नही

राज कपूर भारतीय बॉलीवुड के महान नामों में से एक थे। उन्होंने 24 वर्ष की आयु में आरके फिल्म्स नाम से अपना फिल्म स्टूडियो स्थापित किया। उन्होंने फिल्म 'आग' से निर्देशक के रूप में अपने करियर की शुरुआत की। उन्होंने कई फिल्मों का निर्देशन, निर्माण और अभिनय किया, जो बॉक्स ऑफिस पर हिट रहीं। उन्हें भारतीय सिनेमा का "चार्ली चैपलिन" कहा जाता था।

राज कपूर की कुंडली

कर्क लग्न (Cancer Ascendant) की है, जिसमें लग्नेश चंद्रमा राहु के साथ प्रथम भाव में स्थित है, जो उन्हें एक रचनात्मक, भावुक और "शोमैन" (Showman) की विलक्षण प्रतिभा प्रदान करता है। उनके 10वें भाव (कर्म) पर गुरु की दृष्टि और शुक्र-शनि की युति उन्हें फिल्म उद्योग में अपार प्रसिद्धि, कलात्मकता और मास अपील देती

राज कपूर कुंडली का मुख्य विश्लेषण (Kundli Analysis):

- लग्न और राशि: कर्क लग्न और कर्क राशि (पुष्य नक्षत्र)। चंद्रमा का लग्न में होना उन्हें संवेदनशील और लोकप्रिय बनाता है।
- व्यक्तित्व: लग्न में चंद्रमा-राहु की युति असाधारण सोच और जीवन के प्रति एक अलग दृष्टिकोण देती है।
- कला और प्रसिद्धि: शुक्र (कला के कारक) और शनि की युति ने उन्हें सिनेमा में बहुत प्रसिद्ध किया और उन्हें "शोमैन" के रूप में स्थापित किया।
- करियर: 10वें घर पर गुरु (बृहस्पति) की पंचम दृष्टि और नवम दृष्टि से करियर और धन स्थान मजबूत है, जिससे उन्होंने फिल्म जगत में बहुत बड़ी सफलता हासिल की।

- भाग्य: भाग्य स्थान में वृश्चिक राशि के सूर्य की स्थिति (कुछ व्याख्याओं के अनुसार) और कुंडली के अन्य शुभ योग (गजकेसरी) ने उन्हें भाग्यशाली बनाया।
- रचनात्मकता: मंगल, जो प्रदर्शन के घर के स्वामी हैं, उनकी कुंडली के 9वें भाव में विराजमान हैं।

राज कपूर की कुंडली के अन्य विवरण:

जन्मतिथि: 14 दिसंबर 1924

उनके जीवन में रोमांस, रचनात्मकता और भावनाओं का अनूठा मिश्रण था, जो उनकी फिल्मों में भी झलकता था। उनका "शोमैन" व्यक्तित्व उनके कुंडली के ग्रहों की अनूठी स्थिति का परिणाम था।

राज कपूर की कुंडली के कुछ अंश:

राज कपूर कर्क लग्न में जन्मे थे और उनकी जन्म कुंडली में लग्न स्वामी चंद्रमा राहु और नेपच्यून के साथ अपनी ही राशि में स्थित है।

ज्योतिष में चंद्रमा और राहु का संयोजन असाधारण चिंतन क्षमता और जीवन के प्रति एक अलग दृष्टिकोण का प्रतीक है। जिन लोगों की कुंडली में यह संयोजन होता है, वे आमतौर पर सामान्य लोगों से बहुत अलग सोचते हैं और इसलिए वे बहुत अच्छे अग्रणी बन सकते हैं। राज कपूर वास्तव में एक अग्रणी थे और उन्होंने अपनी प्रतिभा के बल पर एक अलग पहचान बनाई। चंद्रमा-राहु संयोजन वाले जातक गहन चिंतनशील माने जाते हैं और उन्हें असाधारण कल्पनाशीलता और रचनात्मकता का वरदान प्राप्त होता है। राहु उन सभी चीजों का प्रतीक है जो सामान्य और औसत से भिन्न होती हैं और चंद्रमा के साथ इसका संयोजन जातक को नए विचारों, नवीन और अनूठी अवधारणाओं को विकसित करने की क्षमता प्रदान करता है और साथ ही उन्हें अपने विचारों पर दृढ़ रहने का साहस और दृढ़ विश्वास भी देता है। इन व्यक्तियों में एक निश्चित दृष्टि और कुछ नया बनाने की तीव्र इच्छा भी होती है। राज कपूर वो शख्स थे जिन्होंने शानदार कहानियों, फिल्म अवधारणाओं, नवीन फिल्म

निर्माण शैलियों और सिनेमा के विभिन्न तत्वों के साथ भारतीय सिनेमा में क्रांति ला दी। चंद्रमा-राहु युति वाले जातकों की दृष्टि सूक्ष्म बारीकियों पर होती है और रचनात्मक क्षेत्र में काम करने वालों के लिए यह एक मजबूत गुण माना जा सकता है, क्योंकि वे उन पहलुओं को देख पाते हैं जिन्हें दूसरे शायद देख न पाएं! निर्देशक और निर्माता के रूप में भी उन्होंने उत्कृष्ट प्रदर्शन किया।

चंद्रमा और राहु की युति को नेपच्यून के लग्न में शामिल होने से और भी बल मिला और इसे भी उनकी रचनात्मक बुद्धि और गहन ज्ञान का एक कारण माना जा सकता है। उनके अपने विचार थे। इसने उन्हें तेज, observant और तार्किक बनाया और सिनेमा की बारीकियों को समझने की अद्भुत क्षमता प्रदान की। चंद्रमा और राहु की युति ने उन्हें रचनात्मक विचार दिए और चंद्रमा और नेपच्यून ने उन्हें दूरदर्शी सोच और उसे लागू करने की क्षमता प्रदान की। यही कारण है कि वे अभिनय और निर्देशन के माध्यम से बेहतरीन प्रदर्शन करने में सक्षम रहे।

शुक्र कला और रचनात्मकता का प्रमुख कारक है। शुक्र का तुला राशि में चौथे भाव में शनि के साथ स्थित होना एक शानदार स्थिति है। इस स्थिति की सुंदरता शुक्र और शनि को मिलने वाली गरिमा में निहित है। शुक्र अपने स्वक्षेत्र और मूलत्रिकोण राशि में स्थित है और शनि अपनी उच्च राशि में स्थित है! एक कलाकार के लिए इससे बेहतर ग्रहों का सहयोग और क्या हो सकता है! ज्योतिष में, शुक्र और शनि परम-मित्र हैं और चौथे भाव में उनकी स्थिति राज कपूर के लिए बहुत शुभ सिद्ध हुई। चौथा भाव हृदय और भावनाओं का स्वामी है, इसलिए हम समझ सकते हैं कि 'अभिनय उनके दिल के बहुत करीब था'!

शुक्र और शनि की युति ने राज कपूर और उनके अभिनय कौशल को बहुत बढ़ावा दिया और यह सुनिश्चित किया कि उन्हें इसके कारण प्रसिद्धि और पहचान मिले और उन्हें भारत और विदेशों में भी जबरदस्त लोकप्रियता और लोकप्रियता प्राप्त हुई।

उनकी कुंडली में योगकारक और कर्म भाव का स्वामी मंगल मीन राशि में नौवें भाव में स्थित था। इससे उन्हें अपार सौभाग्य प्राप्त हुआ, क्योंकि योगकारक का भाग्य भाव में होना सबसे शुभ स्थितियों में से एक है।

नवमांश कुंडली में बुध उच्च का है। यद्यपि यह उनके लग्न के लिए शुभ ग्रह नहीं है, फिर भी यह ध्यान देने योग्य है कि यह शुक्र के नक्षत्र - पूर्वाषाढ़ा में स्थित है। बुध महादशा (1939 से 1956) के दौरान आरके की यात्रा शुरू हुई, उन्होंने आरके फिल्म्स की स्थापना की और अपने प्रयासों को जारी रखा। राज कपूर के असली शो की शुरुआत शुक्र की महादशा के दौरान हुई, जो 1963 से 1983 तक चली। हालांकि, शुक्र ग्रह बाधकधिपति भी है, इसलिए उन्हें कल आज और कल, संगम और मेरा नाम जोकर जैसी फिल्मों में कठिनाइयों का सामना करना पड़ा। वहीं बाद में उन्होंने बॉबी और सत्यम शिवम सुंदरम जैसी फिल्में दीं, जिनमें उन्होंने सिनेमाई सौंदर्य और नारी चरित्र के जादू को एक नए स्तर पर पहुँचाया!

राज कपूर की कुंडली में ग्रहों की इन सभी स्थितियों ने उन्हें भारतीय सिनेमा का एक शक्तिशाली और प्रमुख शोमैन बना दिया। 'टाइम' पत्रिका ने फिल्म आवारा में उनके अभिनय को सर्वकालिक दस सर्वश्रेष्ठ अभिनयों में से एक माना। उनकी फिल्मों ने दुनिया भर के दर्शकों को आकर्षित किया, खासकर एशिया और यूरोप में। भारत सरकार ने भारतीय सिनेमा में उनके योगदान के लिए उन्हें 1971 में पद्म भूषण और 1987 में दादासाहेब फाल्के पुरस्कार से सम्मानित किया।

दिलीप कुमार

दिलीप कुमार बड़े पर्दे पर चमकने वाले महानतम अभिनेताओं में से एक थे। उनकी अनोखी अभिनय शैली ने उन्हें महानतम अभिनेताओं में से एक बना दिया और नए कलाकार उनसे प्रेरित हुए। पिता से मामूली कहासुनी के बाद, अभिनेता घर छोड़कर पुणे चले गए। वहां उन्होंने ब्रिटिश सेना की कैंटीन में काम करना शुरू किया और छोटे-मोटे काम किए। 1940 के दशक में, यूसुफ (उनका यही मूल नाम था) को उस समय की मशहूर अभिनेत्री देविका रानी ने फिल्म उद्योग में पेश किया। 1950 के दशक और 1960 के दशक के कुछ हिस्से में उनका करियर शिखर पर पहुंच गया। उन्होंने राज कपूर और देव आनंद के साथ काम किया और 1953 में आई फिल्म दाग, देवदास (1956), नया दौर (1957), आज़ाद (1955) आदि में अपनी भूमिकाओं के लिए फिल्म पुरस्कार जीते। कई फिल्मों में अपने गंभीर अभिनय के कारण उन्हें भारतीय सिनेमा का "त्रासदी राजा" भी कहा जाता था। उन्होंने खूबसूरत अभिनेत्री सायरा बानू से शादी की। वे आज भी जिस भी कार्यक्रम में अपनी उपस्थिति दर्ज कराते हैं, वहां जादू बिखेर देते हैं। वह भारतीय फिल्म उद्योग में एक करिश्माई व्यक्तित्व हैं।

जन्म - 11-12-1922

समय - 11:15

स्थान - पेशावर

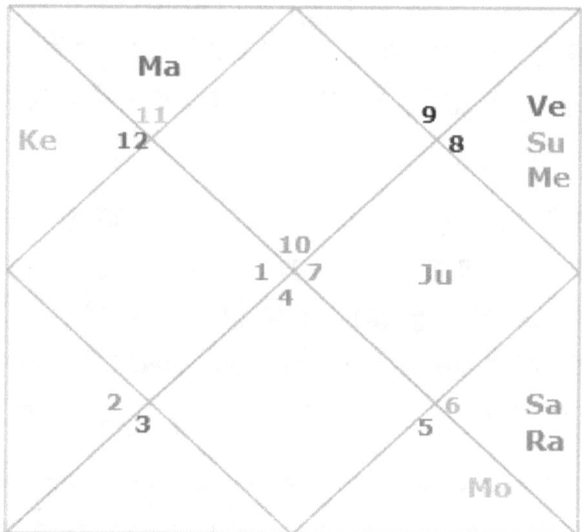

लग्न - मकर

राशी - सिंह

वक्री ग्रह - शुक्र

दिलीप कुमार मकर लग्न में जन्मे थे और उनकी जन्म कुंडली में लग्न स्वामी शनि नौवें भाव में राहु के साथ स्थित है.

वृश्चिक राशि में ग्यारहवें भाव में बुध और शुक्र के साथ सूर्य की युति उन्हें कला और सृजन का ज्ञान प्रदान करती है. यह उनके शानदार अभिनय कौशल का एक प्रमुख कारण है, क्योंकि बुध शब्द और चिंतन की शक्ति का प्रतीक है और सूर्य के साथ इसकी युति उन्हें अद्भुत कल्पनाशीलता, गहन चिंतन,

मौलिकता और संवाद-प्रस्तुति प्रदान करती है. यही कारण है कि वे 'त्रासदी नायक' कहलाए.

शुक्र अभिनय का प्रमुख कारक है. उनकी कुंडली में वृश्चिक राशि में ग्यारहवें भाव में शुक्र की स्थिति ने उन्हें उत्साही और प्रसिद्ध बनाया. शुक्र पंचम भाव का स्वामी है और पंचम भाव प्रदर्शन, नवाचार और प्रतिभा का भाव है। ग्यारहवें भाव में स्थित शुक्र पंचम भाव पर दृष्टि डालता है, जो दिलीप कुमार के लिए प्रबल अनुकूल है. इन्हीं गुणों के कारण उन्हें प्रसिद्धि और पहचान मिली.

लग्न स्वामी शनि नौवें भाव में हैं और कला एवं अभिनय का महत्वपूर्ण ग्रह शुक्र उनकी कुंडली में ग्यारहवें भाव में स्थित है। शनि उनकी कुंडली में शुक्र पर दृष्टि डालता है. ग्रहों का यह संयोजन दिलीप कुमार को एक अच्छा अभिनेता बनने में वास्तव में सहायक होता है. यह उन्हें विभिन्न फिल्मों में अलग-अलग प्रकार की भूमिकाओं के साथ प्रयोग करने में भी मदद करता है.

तीसरे और बारहवें भाव के स्वामी बृहस्पति व्यवसाय के भाव में स्थित हैं. यह संयोजन व्यक्ति को अपना स्वयं का मालिक बनाता है। उनके अपने विचार होते हैं और वे उन पर अडिग रहते हैं.

चंद्रमा विवाह के भाव का स्वामी है और उनकी कुंडली में आठवें भाव में स्थित है. शुक्र (पुरुष के मामले में पत्नी का कारक) वक्री है और ग्यारहवें भाव में स्थित है तथा शनि की शुक्र पर दृष्टि उनके विवाह का कारण है जो उनसे काफी छोटी अभिनेत्री सायरा बानू से हुआ था.

मंगल की महादशा (1949 से 1956) ने उन्हें भारतीय फिल्म उद्योग का सुपरस्टार और दिग्गज अभिनेता बनाया, जिन्हें 'त्रासदी राजा' (Tragedy King) के रूप में जाना जाता है.

इन सभी ग्रहों की स्थिति ने उन्हें भारतीय फिल्म उद्योग का सबसे बहुमुखी अभिनेता बनाया. वे सर्वश्रेष्ठ फिल्मफेयर अभिनेता पुरस्कार (1954) पाने वाले पहले व्यक्ति हैं और इस श्रेणी में आठ बार फिल्मफेयर पुरस्कार जीतने का

रिकॉर्ड आज भी उन्हीं के नाम है. आलोचकों ने उन्हें हिंदी सिनेमा के इतिहास के महानतम अभिनेताओं में से एक माना है। भारत सरकार ने भारतीय सिनेमा में उनके योगदान के लिए उन्हें 1991 में पद्म भूषण, 1994 में दादासाहेब फाल्के पुरस्कार और 2015 में पद्म विभूषण से सम्मानित किया और उन्हें भारतीय संसद के उच्च सदन, राज्यसभा के लिए एक कार्यकाल हेतु मनोनीत किया. पाकिस्तान सरकार ने उन्हें 1997 में अपने सर्वोच्च नागरिक सम्मान निशान-ए-इम्तियाज से सम्मानित किया.

देव आनंद

देव आनंद को बॉलीवुड में सदाबहार अभिनेता के रूप में जाना जाता था. उनके साथ काम करने वाले एक अभिनेता ने एक बार कहा था कि देव आनंद सिर्फ एक्टर नहीं बल्कि अपने आप में अदाकारी की एक संस्था हैं. देव साहब ने पूरे जीवन भर मुश्किल से मुश्किल परिस्थितियों में भी हार नहीं मानी. शायद यही वजह रही कि 5 दशक से ज्यादा तक हिंदी सिनेमा में काम करने वाले इस एक्टर ने मरते दम तक अपना जादू कायम रखा. अपनी एक्टिंग की वजह से देव साहब ने भारतीय फिल्म इंडस्ट्री को एक नया आयाम दिया. उनको पदम् भूषण सम्मान से भी नवाज़ा गया है। देव आनंद को वर्ष 1958 में 'काला पानी' और वर्ष 1966 में 'गाइड' फिल्म के लिए फिल्मफेयर पुरस्कार मिला. आज भी नए अभिनेता देव साहब के अभिनय से बहुत कुछ सीखते हैं.

जन्म - 26-09-1923

समय - 09:30

स्थान - गुरुदासपूर

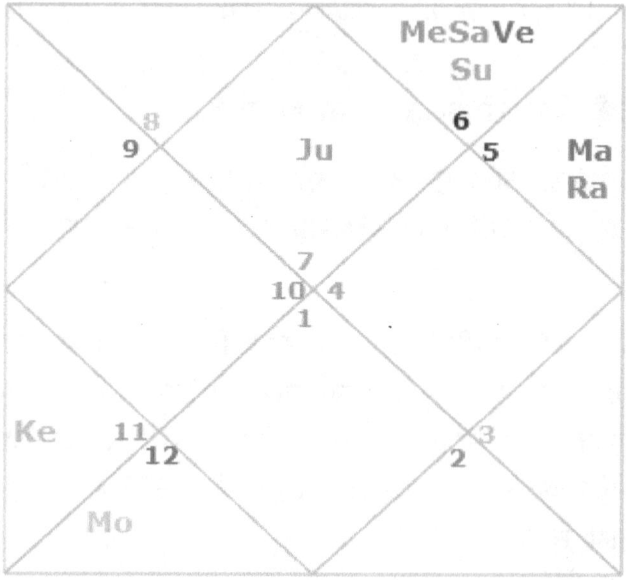

लग्न - तुला

राशी - मीन

वक्री ग्रह - बुध

ज्योतिषीय विश्लेषण

देव आनंद का जन्म प्रसिद्धि के लिए ही हुआ था क्योंकि वे लग्न के स्वामी शुक्र के स्वामी हैं, यद्यपि शुक्र बारहवें भाव में अपनी नीच राशि में स्थित है. उच्च बुध के साथ स्थित होने के कारण इसकी नीचता का प्रभाव समाप्त हो जाता है.

नवमांश कुंडली में शुक्र स्वगृही होता है.

मीन राशि में स्थित चंद्रमा ने उन्हें रचनात्मक बनाया. तुला लग्न और शुक्र की नीच भंग ने उन्हें फिल्म उद्योग की ओर अग्रसर किया। यह उल्लेखनीय है कि अमिताभ बच्चन की कुंडली में भी यही संयोजन आठवें भाव में मौजूद है। उच्च राशि में वक्री बुध नीच शुक्र के साथ स्थित है, जिससे शुक्र की नीचता का प्रभाव समाप्त हो जाता है.

लग्न में बृहस्पति की उपस्थिति भी बहुत शुभ संकेत है. निर्देशक की भूमिका अभिनेताओं और तकनीकी टीम दोनों को 'मार्गदर्शन' देना है। शक्तिशाली बृहस्पति अच्छी निर्देशन क्षमता प्रदान करता है.

कन्या राशि में ग्रहों का समूह उन्हें कर्मठ बनाता है. यही उनकी प्रेरणा शक्ति थी। सूर्य, शुक्र, शनि और वक्री बुध सहित चार ग्रहों के समूह ने उन्हें जीवन भर सक्रिय रखा.

'नवकेतन' ने अपनी पहली फिल्म 'अफ़सर' 1951 में बनाई, जब देव आनंद शुक्र की महादशा के प्रभाव में थे. शुक्र कला का प्रमुख ग्रह है और राहु शुक्र के नक्षत्र में है! क्या गजब का ज्योतिषीय संयोग है!! यह उल्लेखनीय है कि फिल्म निकोलाई गोगोल के नाटक पर आधारित थी और 1977 में इसका रीमेक 'साहब बहादुर' के नाम से बनाया गया था.

शुक्र दशा के दौरान देव आनंद और सुरैया का प्रेम प्रसंग भी चल रहा था, लेकिन शुक्र दशा समाप्त होते ही रिश्ते ने एक नया मोड़ ले लिया.

देखिए, बारहवें भाव में होने पर भी ग्रह कैसे काम करते हैं. 1958 में शुक्र दशा और बुध भुक्ति के दौरान देव आनंद को फिल्म 'काला-पानी' के लिए सर्वश्रेष्ठ अभिनेता का फिल्मफेयर पुरस्कार मिला.

देव साहब की कुंडली में सूर्य अपनी ही नक्षत्र में स्थित है, और 1966 में सूर्य की महादशा के दौरान फिल्म 'गाइड' को वर्ष की सर्वश्रेष्ठ फिल्म का फिल्मफेयर पुरस्कार मिला.

पृथ्वी तत्व प्रधान होने के कारण देव आनंद अत्यंत व्यावहारिक थे. उनके सहकर्मी किसी विशेष शॉट/दृश्य की कल्पना और उसे साकार करने में उनकी कड़ी मेहनत की हमेशा सराहना करते थे. एक निर्देशक के रूप में उन्होंने अपने भाई विजय आनंद के नक्शेकदम पर चलते हुए, बिल्कुल भी समझौता न करने वाले और सख्त रुख अपनाए। साथ ही, इसी पृथ्वी तत्व प्रधान होने के कारण उनका कार्य के प्रति दृष्टिकोण व्यावहारिक था. उन्हें अपरंपरागत रहना पसंद था और यह उनके द्वारा प्रतिभाओं को पहचानने में स्पष्ट रूप

से दिखाई देता है। उन्होंने ज़ीनत अमान और टीना मुनिम सहित भारतीय फिल्म उद्योग के कुछ सबसे खूबसूरत चेहरों को मंच पर उतारा.

नीच भंग में शुक्र की उपस्थिति के कारण, उन्हें संगीत की अद्भुत समझ थी.

धर्मेंद्र

धरम सिंह देओल उर्फ़ धर्मेंद्र हिंदी फिल्म इंडस्ट्री के एक जाने माने अभिनेता हैं. इन्हें भारत में 'ही मैन' की उपाधि भी मिली है. हिंदी फिल्मों में बतौर अभिनेता उन्होनें अपने फ़िल्मी करियर की शुरुआत 1960 में फिल्म 'दिल भी तेरा हम भी तेरे' से की थी. 'सूरत और सीरत', 'दिल ने फिर याद किया', 'बंदिनी', 'शोले', 'धर्म वीर' आदि उनकी कुछ बेहद प्रसिद्ध फिल्मों में गिनी जाती है. धर्मेंद्र ने सबसे पहले साल 1954 में प्रकाश कौर से शादी की थी जिनसे उनके चार बच्चे हैं सनी देओल, बॉबी देओल, विजेता और अजिता. इसके बाद उन्होनें भारतीय फिल्म जगत की मशहूर अभिनेत्री हेमा मालिनी के साथ साल 1980 में सात फेरे लिए. हिंदी फिल्मों में अभिन्न योगदान के लिए भारत सरकार द्वारा उन्हें 2012 में पद्म विभूषण से भी सम्मानित किया गया है. धर्मेंद्र जी का निधन 24 नवंबर 2025 को मुंबई स्थित उनके आवास पर 89 वर्ष की आयु में हो गया.

जन्म - 8-12-1935

समय - 06:00

स्थान - लुधियाना

लग्न - वृश्चिक

राशी - मेष

वक्री ग्रह - नही

धर्मेंद्र (8 दिसंबर 1935) की कुंडली वृश्चिक लग्न और मंगल की उच्च स्थिति (तीसरे भाव) को दर्शाती है, जो उन्हें साहसी, ऊर्जावान और 'ही-मैन' की छवि देता है.

कुंडली में मंगल का प्रभाव उन्हें दृढ़ निश्चयी बनाता है. वे स्पष्टवादी हैं, लेकिन भावनात्मक और कभी-कभी प्रतिशोधी स्वभाव के भी माने जाते हैं.

धर्मेंद्र की कुंडली का विश्लेषण:

जन्म तिथि: 8 दिसंबर 1935

लग्न: वृश्चिक (Scorpio)

लग्न का स्वामी: मंगल (उच्च का और तीसरे भाव में)

मुख्य ज्योतिषीय लक्षण:

साहस और ऊर्जा: मंगल की उच्च स्थिति उन्हें शारीरिक रूप से मजबूत और साहसी बनाती है.

स्पष्टवादी और जिद्दी: वे सीधे बात करने वाले और अपने निर्णयों में दृढ़ (जिद्दी) हो सकते हैं.

भावनात्मक और प्रतिशोधी: वे अपने प्रियजनों के प्रति वफादार हैं, लेकिन दुश्मनों को आसानी से नहीं भूलते.

स्वभाव: बाहर से उदार, लेकिन अंदर से संदिग्ध और दोहरी जीवनशैली जीने वाले हो सकते हैं.

रुचि: ज्योतिष, रहस्यों और दर्शनशास्त्र में गहरी रुचि.

व्यक्तित्व प्रभाव:

- **ही-मैन छवि**: उनकी कुंडली का मंगल उन्हें फिल्म इंडस्ट्री में एक फाइटर या मजबूत नायक के रूप में स्थापित करने में सहायक रहा.
- **संवेदनशीलता**: वे अपनी समस्याओं को लेकर चिंतित रहते हैं और अपनी भावनाओं को आसानी से नहीं बताते.

प्राण

प्राण कृष्ण सिकंद (12 फरवरी 1920 - 12 जुलाई 2013), जो प्राण के नाम से प्रसिद्ध थे, हिंदी सिनेमा के एक भारतीय अभिनेता थे। वे भारतीय सिनेमा के इतिहास में सबसे सफल और सम्मानित अभिनेताओं में से एक थे; छह दशकों से अधिक के अपने करियर में वे अपने समय के सबसे अधिक वेतन पाने वाले अभिनेताओं में से भी एक थे।

जन्म - 21-02-1920

समय - 01:00

स्थान - दिल्ली

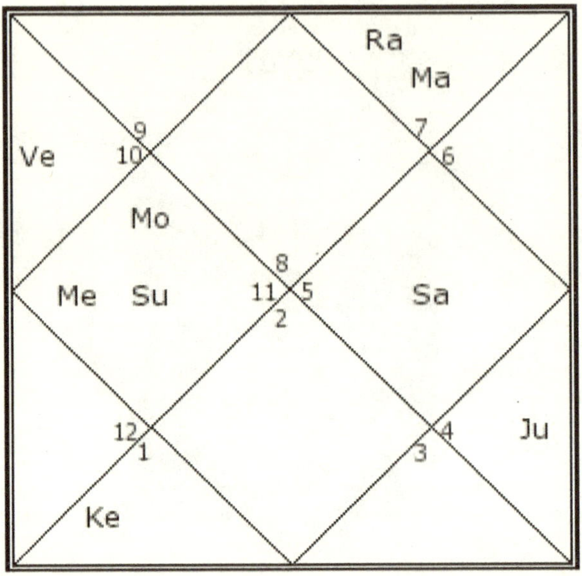

वक्री ग्रह - गुरु, शनी

प्राण की जन्मतिथि

जन्म तिथि: शनिवार, 21 फरवरी, 1920

जन्म समय: 01:00:00

जन्म स्थान: दिल्ली, भारत

जन्म नक्षत्र: आश्लेषा

कुंडली की मुख्य विशेषताएं

लग्न: वृश्चिक

चंद्र राशि: कुंभ

मांगलिक दोष: जन्म कुंडली में मंगल ग्रह लग्न से बारहवें भाव में स्थित है, जो मांगलिक दोष का संकेत देता है।

मुख्य अवलोकन

व्यक्तित्व और करियर: आश्लेषा नक्षत्र में जन्मे प्राण को साहसी, महत्वाकांक्षी और सक्रिय व्यक्तित्व के रूप में जाना जाता था, जो ऊर्जा का दुरुपयोग कम ही करते थे। इस नक्षत्र के जातक कुशल वक्ता और कलाकार माने जाते हैं, जो अपने परिवेश को नियंत्रित करने में सक्षम होते हैं, और यही गुण खलनायक/चरित्र अभिनेता के रूप में उनकी सफलता के अनुरूप था।

सफलता के कारक: वे केवल मेहनती ही नहीं, बल्कि एक चतुर कार्यकर्ता के रूप में भी जाने जाते थे, जो अक्सर परिस्थितियों के उत्पन्न होने से पहले ही उनका विश्लेषण कर लेते थे। उनकी कुंडली से पता चलता है कि उनमें शब्दों से लोगों को सम्मोहित करने की क्षमता थी, जो एक शक्तिशाली कलाकार का गुण है।

वित्तीय और व्यावसायिक जीवन: बारहवें भाव में स्थित मंगल कभी-कभी अचानक खर्चों या वित्तीय बाधाओं का संकेत दे सकता है, लेकिन वे अपने क्षेत्र में निपुण और प्रभावशाली बनने के लिए भी नियत थे।

दिल्ली/लाहोर में 12 फरवरी 1920 (या कुछ अभिलेखों में 21 फरवरी 1920) को उनके जन्म के ज्योतिषीय आंकड़ों के आधार पर, उनकी कुंडली के प्रमुख तत्व इस प्रकार हैं:

जन्म विवरण और मुख्य राशियाँ

सूर्य राशि (राशि): कुंभ।

नक्षत्र (जन्म नक्षत्र): आश्लेषा। इस नक्षत्र में जन्मे जातक अपने नेतृत्व, चतुराई और शब्दों से दूसरों को सम्मोहित करने की क्षमता के लिए जाने जाते हैं–ये गुण संभवतः उनकी प्रतिष्ठित खलनायक और चरित्र भूमिकाओं के लिए प्रेरणा स्रोत थे।

गण: राक्षस (राक्षसी)। ज्योतिष में, इसका अर्थ "बुराई" नहीं है, बल्कि यह एक दृढ़ इच्छाशक्ति वाले, प्रभावशाली और तीव्र व्यक्तित्व का संकेत देता है।

ज्योतिषीय मुख्य बिंदु

मंगल की स्थिति: उनकी कुंडली में मंगल अक्सर बारहवें भाव में स्थित होता है, जो मंगल दोष का संकेत हो सकता है। यह स्थिति कभी-कभी ऊर्जावान जीवन का संकेत देती है, लेकिन व्यक्तिगत जीवन में संभावित बाधाओं या बार-बार यात्राओं का भी संकेत देती है।

व्यक्तित्व लक्षण: उनकी कुंडली एक साहसी और महत्वाकांक्षी स्वभाव को दर्शाती है। उन्हें एक सक्रिय व्यक्ति के रूप में देखा जाता था जो दूसरों को प्रेरित कर सकता था और अपने करियर को नए सिरे से शुरू करने से कभी नहीं डरता था–एक शीर्ष खलनायक से एक लोकप्रिय चरित्र अभिनेता बनने तक का सफर।

उनके व्यक्तित्व से जुड़े उपाय: ज्योतिषी उनकी कुंडली का अध्ययन करते हुए अक्सर तीव्र ग्रह ऊर्जाओं को संतुलित करने के लिए भगवान हनुमान की पूजा करने या केसरिया गणपति (नारंगी गणेश) की स्थापना करने का सुझाव देते हैं।

मीना कुमारी

मीना कुमारी सर्वकालिक प्रख्यात अभिनेत्रियों में गिनी जाती हैं. उन्होंने महज सात वर्ष की आयु में भारतीय फिल्म उद्योग में काम करना शुरू किया. कम उम्र में ही उन्होंने अभिनय के सभी कौशल हासिल कर लिए थे. कहा जाता है कि छोटी उम्र में ही नाटकों में अभिनय करके उन्होंने अपने परिवार का भरण-पोषण किया. उनकी पहली हिंदी फिल्म के बारे में कोई महत्वपूर्ण जानकारी उपलब्ध नहीं है. 1952 में उनका विवाह निर्देशक कमल अमरोही से हुआ. उनकी सबसे लोकप्रिय फिल्म "पाकीजा" थी, जिसने उस समय अपार सफलता हासिल की थी.

जन्म - 01-08-1932

समय - 11:55

स्थान - मुंबई

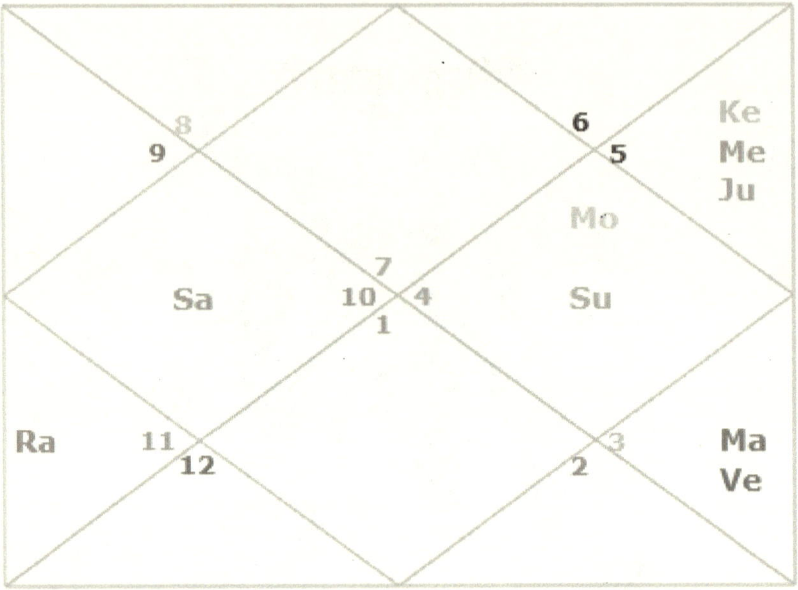

लग्न - तुला

राशी - कर्क

वक्री ग्रह - शनी

दिग्गज अभिनेत्री

मीना कुमारी की जन्म कुंडली का विश्लेषण ज्योतिषीय दृष्टिकोण से उनके जीवन के उतार-चढ़ाव और उनकी 'ट्रेजेडी क्वीन' की छवि को समझने में मदद करता है. उनके व्यक्तित्व और जीवन की मुख्य विशेषताएं इस प्रकार हैं:

- **जन्म विवरण**: उनका जन्म 1 अगस्त, 1932 को मुंबई में हुआ था। उनका असली नाम महजबीं बानो था.
- **भावनात्मक गहराई**: उनकी कुंडली में ग्रहों की स्थिति (विशेषकर चंद्रमा और शुक्र) उन्हें एक अत्यंत संवेदनशील और भावुक कलाकार बनाती थी। यही कारण था कि वे परदे पर दुख और दर्द को इतनी सजीवता से उतार पाती थीं.

- **विष योग का प्रभाव**: ज्योतिषीय विश्लेषणों के अनुसार, उनकी कुंडली में शनि और चंद्रमा की युति से बनने वाला 'विष योग' उनके व्यक्तिगत जीवन में संघर्ष, अकेलेपन और मानसिक तनाव का एक प्रमुख कारण माना जाता है.
- **सफलता और संघर्ष**: जहाँ एक ओर उनके दशम भाव (करियर का भाव) की मजबूती ने उन्हें अपार प्रसिद्धि और सफलता दिलाई, वहीं सप्तम भाव (विवाह का भाव) और अष्टम भाव की प्रतिकूल स्थितियों के कारण उनका वैवाहिक और निजी जीवन काफी चुनौतीपूर्ण रहा.

प्रमुख ज्योतिषीय अंतर्दृष्टि

- भावनात्मक गहराई: कर्क राशि की चंद्र राशि होने के कारण, उनका प्रारंभिक स्वास्थ्य उत्कृष्ट था, लेकिन वे अत्यधिक संवेदनशील थीं. चंद्र राशि के इस प्रभाव ने उनके प्रसिद्ध (Tragedy Queen) "त्रासदी रानी" व्यक्तित्व में योगदान दिया, क्योंकि वे गहरी सहानुभूति रखने वाली और अपनी इच्छाओं के प्रति स्पष्ट थीं, फिर भी अक्सर आंतरिक तनाव से ग्रस्त रहती थीं.
- सिंह राशि में सूर्य: सिंह राशि में स्थित उनकी पश्चिमी सूर्य राशि ने उन्हें एक नेता के स्वाभाविक गुण दिए–साहसी, महत्वाकांक्षी और हमेशा "आकर्षण का केंद्र" बनने की चाहत रखने वाली. यह उनकी प्रभावशाली स्क्रीन उपस्थिति और हिंदी सिनेमा के स्वर्ण युग पर प्रभुत्व जमाने की उनकी क्षमता में स्पष्ट था.
- दुखद स्वास्थ्य संकेत: ज्योतिषीय रिपोर्टों से पता चलता है कि उनका हृदय और आंखें संवेदनशील अंग थे. उनकी कुंडली में उत्तेजक पदार्थों से बचने की चेतावनी दी गई थी, जिनका उन पर "विशेष रूप से बुरा प्रभाव" पड़ता था, जो शराब और व्यसन के साथ उनके वास्तविक जीवन के संघर्षों के समानांतर था, जिसके कारण 38 वर्ष की आयु में उनकी असामयिक मृत्यु हुई.

- व्यवस्थित स्वभाव: उन्हें अत्यधिक व्यावहारिक और व्यवस्थित बताया गया है, कभी-कभी हद से ज्यादा। छोटी-छोटी बातों पर उनका ध्यान कभी-कभी उन्हें जीवन के बड़े अवसरों से वंचित कर देता था, जो पाकीज़ा जैसी उनकी दिग्गज भूमिकाओं में दिखाई देने वाली उनकी सावधानीपूर्वक देखभाल को दर्शाता है.

जीतेंद्र

जीतेंद्र (जन्म रवि कपूर 7 अप्रैल 1942) एक भारतीय अभिनेता हैं जो हिंदी सिनेमा में अपने काम के लिए जाने जाते हैं. उन्हें हिंदी सिनेमा के महानतम सितारों में से एक माना जाता है. वे अपने अभिनय, शैली और नृत्य के लिए जाने जाते हैं. उन्होंने छह दशकों से अधिक के करियर में 200 से अधिक फिल्मों में काम किया है.

जन्म - 07-04-1942

समय - 12:00

स्थान - अमृतसर

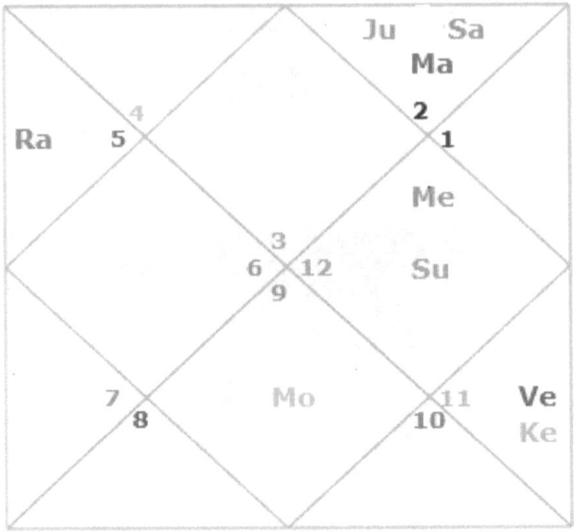

लग्न - मिथुन

राशी - धनु

वक्री ग्रह - नही

तारीख थी 7 अप्रैल 1942। जगह थी: अमृतसर, पंजाब, भारत।

जीतेंद्र कपूर का फिल्मी परिवार से कोई नाता नहीं था। कोई गॉडफादर भी नहीं था। जब उन्होंने शुरुआत की, तब बॉलीवुड में बाहरी लोगों का स्वागत नहीं होता था। फिर भी, उन्होंने कामयाबी हासिल की। साठ से अधिक वर्षों तक, वे हिंदी सिनेमा के सबसे ऊर्जावान सितारों में से एक रहे। लोग उन्हें जंपिंग जैक कहते थे। उनके सफेद जूते, उनके डांस मूव्स, उनकी मुस्कान। उन्होंने दो सौ से अधिक फिल्में कीं। उन्हें यह ऊर्जा कहाँ से मिली? वैदिक ज्योतिष को इसका जवाब उनकी जन्म कुंडली में मिलता है।

ग्रहों की स्थिति पर एक नज़र

ग्रहों की स्थिति / प्रभाव ज्योतिषीय भूमिका

चंद्रमा धनु राशि, मूल नक्षत्र: उच्च ऊर्जा, जन आकर्षण, लयबद्ध गति

बृहस्पति वृषभ (मित्र राशि, सशक्त गरिमा): करियर परिवर्तन में बुद्धिमत्ता, दीर्घकालिक धन, सुरक्षा

मंगल वृषभ (बृहस्पति के साथ): गुरु मंगल योग, निरंतर शारीरिक शक्ति

सूर्य मेष राशि, अश्विनी नक्षत्र: नेतृत्व, साहस, स्वाभाविक प्रदर्शन क्षमता

शुक्र वृषभ (स्वयं की राशि): स्थिर संबंध, पारिवारिक बंधन, कलात्मक बोध

जितेंद्र कपूर की कुंडली/जन्म कुंडली विश्लेषण

उनकी कुंडली में चंद्रमा को ही लीजिए। यह धनु राशि के मूल नक्षत्र में स्थित है। ऐसा चंद्रमा व्यक्ति को आशावादी, ऊर्जावान और लोकप्रिय बनाता है। इसी एक स्थिति ने जितेंद्र को उनकी लोकप्रियता और नृत्य की लय प्रदान की।

बृहस्पति और मंगल दोनों वृषभ राशि में स्थित हैं। ये दोनों मिलकर काम करते हैं। यह गुरु मंगल योग है। बृहस्पति ज्ञान, दूरदर्शिता और सुरक्षा प्रदान करता है। मंगल अदम्य शक्ति और सक्रियता लाता है।

उनका सूर्य मेष राशि के अश्विनी नक्षत्र में है। यह उन्हें नेतृत्व और साहस प्रदान करता है। वृषभ राशि में शुक्र एक सुखद पारिवारिक जीवन और कलात्मक रुचि प्रदान करता है।

जीतेंद्र कपूर की कुंडली विश्लेषण

उनका करियर इतना लंबा क्यों चला? इसका कारण है मजबूत गुरु मंगल योग और अनुकूल चंद्रमा। उन्हें समय के साथ बदलाव करना भी आता था। जरूरत पड़ने पर उन्होंने अभिनय से निर्माण की ओर रुख किया। उनकी कुंडली में अग्नि और पृथ्वी तत्व हैं। इसका अर्थ है उच्च शारीरिक ऊर्जा और अनुशासित मन।

जितेंद्र कपूर का करियर राशिफल

उनका करियर कई चरणों से गुजरा। ग्रहों की स्थिति में बदलाव के साथ-साथ उनकी दिशा भी बदलती रही।

1964 से 1971 के बीच बृहस्पति ग्रह उनके साथ रहा। उनकी पहली फिल्म? 1964 में 'गीत गाया पत्थरों ने'। फिर 1967 में 'फर्ज़' आई। उस फिल्म ने उन्हें रातोंरात स्टार बना दिया।

1972 से 1979 का समय आसान नहीं था। ग्रहों की चाल ने उनके भाग्य को प्रभावित किया। उन्हें कुछ समय के लिए मंदी का सामना करना पड़ा। लेकिन मंगल की शक्ति ने उन्हें हार नहीं मानने दी। उन्होंने वापसी की।

1980 से 1990 का समय उनके करियर का चरम था। इस दौरान ग्रहों ने उनका पूरा साथ दिया। 'हिम्मतवाला' और 'तोहफा'? बड़ी ब्लॉकबस्टर फिल्में थीं। और वो डांस नंबर? लोग आज भी उन्हें याद करते हैं।

1991 के बाद उनकी दशा बदल गई। उन्होंने अभिनय छोड़कर निर्माण क्षेत्र में कदम रखा। उन्होंने बालाजी मोशन पिक्चर्स की शुरुआत की। उनके बच्चों एकता और तुषार ने इस विरासत को आगे बढ़ाया।

जितेंद्र का प्रेम एवं संबंध राशिफल

उनका निजी जीवन स्थिर रहा। कोई विवाद नहीं। शुक्र और चंद्रमा की स्थिति ने उन्हें अपनी पत्नी शोभा कपूर के साथ मजबूत रिश्ता दिया। उनकी कुंडली में मजबूत पारिवारिक संबंध भी दिखाई देते हैं। उनके दोनों बच्चे सफल हुए। परिवार आज भी बालाजी स्टूडियो का संचालन करता है।

1970 के दशक की एक छोटी सी घटना। जीतेंद्र एक विमान में सवार हुए। बाद में वही विमान दुर्घटनाग्रस्त हो गया। वह बाल-बाल बच गए। शक्तिशाली बृहस्पति ऐसा ही करता है। एक बड़ी आपदा को एक छोटे से डर में बदल देता है।

जीतेंद्र ज्योतिष रिपोर्ट

संक्षेप में, जीतेंद्र की कुंडली चंद्रमा, बृहस्पति और मंगल के गतिशील प्रभाव का एक उत्कृष्ट उदाहरण है। उन्होंने बॉलीवुड के उतार-चढ़ाव को इसलिए पार किया क्योंकि उन्हें पता था कि स्टारडम की ऊर्जा से व्यावसायिक ऊर्जा की ओर कब

रुख करना है। चंद्रमा ने उन्हें जनप्रियता दी। गुरु मंगल ने उन्हें सहनशक्ति दी। बुध ने उन्हें तीक्ष्ण बुद्धि दी।

अंतिम शब्द

जीतेंद्र हमेशा बॉलीवुड के ऊर्जा प्रतीक रहेंगे। 2026 की ओर बढ़ते हुए, उनका ध्यान बाहरी उपलब्धियों से हटकर आंतरिक स्वास्थ्य पर केंद्रित होगा। यह पतन नहीं, बल्कि बुद्धिमत्ता है। जिस बृहस्पति ग्रह ने उन्हें संकट से बचाया, वही अब उन्हें अनुशासित जीवन की ओर मार्गदर्शन कर रहा है। ऊर्जा ने ही उनका नाम रोशन किया है। स्थिरता ही उन्हें सुरक्षित रखेगी।

राजेश खन्ना

राजेश खन्ना बॉलीवुड के चमकते सितारे थे. उनका जन्म पंजाब के अमृतसर में 1942 में हुआ था. बाबू मोशाय के नाम से मशहूर राजेश खन्ना ने बॉलीवुड की 180 फिल्मों में अभिनय किया. साल 1966 में आई फिल्म 'आख़िरी ख़त' से उन्होंने अपने करियर की शुरुआत की थी. उन्हें फिल्मों में शानदार अभिनय के लिए तीन बार फिल्मफेयर पुरस्कार से नवाज़ा गया. इतना ही नहीं, वे भारतीय राष्ट्रीय कांग्रेस पार्टी से सांसद भी रहे. साल 2012 में उन्होंने अपने जीवन की अंतिम साँस ली.

जन्म - 29-12-1942

समय - 17:45

स्थान - अमृतसर

लग्न कुण्डली

लग्न - मिथुन

राशी - सिंह

राजेश खन्ना की कुंडली में राहु का तीसरे भाव में होना और मंगल की लग्न पर दृष्टि उनके बेमिसाल फिल्मी करियर की मुख्य वजह थी, जिससे उन्हें अपार शोहरत मिली.

उनकी कुंडली में ग्रहों का ऐसा अनूठा संयोग था, जिसने उन्हें कम समय में सबसे लोकप्रिय और धनवान सुपरस्टार बनाया. उनके अभिनय में संवेदनशीलता अंक 2 (चंद्रमा) के प्रभाव से आई.

राजेश खन्ना की कुंडली के प्रमुख योग:

- राहु की शुभ स्थिति (तीसरा भाव): कुंडली के तीसरे भाव में राहु का होना बहुत ही शुभ और दुर्लभ माना जाता है. इससे उन्हें अभिनय की दुनिया में चोटी की सफलता मिली.
- मंगल का प्रभाव (प्रतियोगी भाव): मंगल की दृष्टि लग्न पर होने के कारण उन्होंने बड़े-बड़े कलाकारों को पछाड़कर सफलता का कीर्तिमान स्थापित किया.

- बुध शुक्र लक्ष्मी नारायण योग बना रहे है: इसकी वजह से ये इतने लोकप्रिय हुए
- सूर्य का प्रभाव (सातवां भाव): तीसरा भाव (पराक्रम) का स्वामी सूर्य, जो सातवें घर से लग्न को देख रहा था, वह उनकी शोहरत और धन का मुख्य कारक बना. लेकिन सातवे घर मे सूर्य के होने से और राहू की पंचम द्रीष्टी भी सप्तम भाव पर होने से वैवाहिक जीवन मे क्लेश हुआ.
- गुरु और बुध (परस्पर दृष्टि): गुरु और बुध एक-दूसरे के भाव में होने के साथ-साथ एक-दूसरे पर दृष्टि भी डाल रहे थे, जो उनके करियर में उच्च सफलता का संकेत है.

राहू की महादशा मे केतू की अंतर्दशा आने के बाद 1976 से इनके सितारे डुबने की शुरुवात हुई.

गुरु जो इनके दसवे घर का स्वामी है इसकी महादशा मे उन्होने लोकसभा का चुनाव लडा और राजनीती मे चले गये. जीत गये और सांसद भी बन गये.

अमिताभ बच्चन

अमिताभ बच्चन (जन्म नाम श्रीवास्तव; 11 अक्टूबर 1942) हिंदी सिनेमा में काम करने वाले एक भारतीय अभिनेता हैं। भारतीय सिनेमा के इतिहास में सबसे महान, सबसे कुशल और व्यावसायिक रूप से सफल अभिनेताओं में से एक माने जाने वाले, उन्होंने 200 से अधिक फिल्मों में अभिनय किया है। बच्चन को बॉलीवुड का शहंशाह, सदी के महान नायक (हिंदी में सदी का सुपरस्टार), बॉलीवुड का मिलेनियम स्टार, या बस बिग बी कहा जाता है। 1970-80 के दशक के दौरान भारतीय फिल्म उद्योग में उनके दबदबे के कारण फ्रांसीसी निर्देशक फ्रांकोइस ट्रूफॉट ने इसे "एक व्यक्ति का उद्योग" बताया था। उन्हें सात राष्ट्रीय फिल्म पुरस्कार, सत्रह फिल्मफेयर पुरस्कार और एक दक्षिण भारतीय फिल्मफेयर पुरस्कार सहित कई पुरस्कार प्राप्त हुए हैं।

जन्म - 11-10-1942

समय - 16:00

स्थान - अलाहाबाद

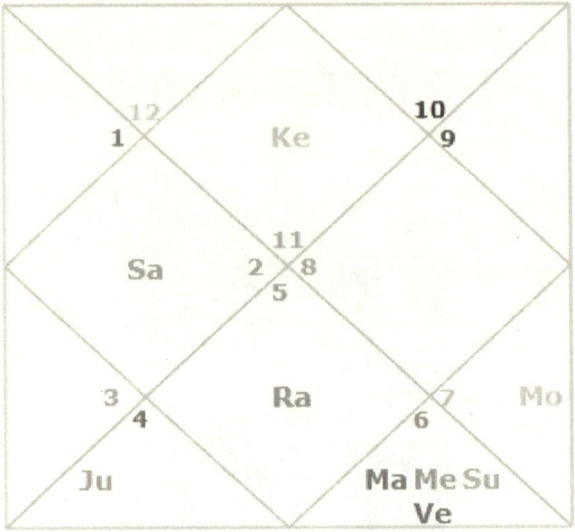

लग्न - कुंभ

राशी - तुला

अमिताभ बच्चन की कुंडली कुंभ लग्न और तुला राशि की है, जिसमें उच्च का बुध, शुक्र और सूर्य की युति उन्हें असाधारण प्रतिभा और करिश्मा प्रदान करती है. 11 अक्टूबर 1942 को जन्मे, उनके 10वें घर में गुरु और लग्न में शनि-शुक्र का प्रभाव उन्हें अभिनय जगत का 'महानायक' (Angry Young Man) बनाता है.

अमिताभ बच्चन की कुंडली के मुख्य बिंदु:

- लग्नेश (शनि): कुंभ लग्न के स्वामी शनि हैं जो मित्र राशि वृषभ (चौथे भाव) में विराजमान हैं। यह स्थिति उन्हें स्थिरता और लंबी आयु प्रदान करती है.
- भाग्येश (शुक्र): शुक्र की 20 वर्षों की दशा ने वर्ष 2000 के बाद उनके करियर को पुनर्जीवित किया (केबीसी के साथ).
- उच्च के बुध और सूर्य-बुध आदित्य योग: कन्या राशि (8वें भाव) में उच्च का बुध और सूर्य का होना उन्हें वाणी, संवाद और बुद्धिमत्ता में माहिर बनाता है.

- नीचभंग राजयोग: 8वें भाव में शुक्र और बुध की युति नीचभंग राजयोग बना रही है, जो बाधाओं के बाद बड़ी सफलता देता है.
- अरुधा लग्न: धनु राशि (अग्नि तत्व) में मंगल के साथ, जो उन्हें एक साहसी और संघर्षरत 'एंग्री यंग मैन' की छवि देता है.
- स्वास्थ्य: शनि के चौथे भाव (पेट/आंत) में वक्री होने के कारण जीवन में स्वास्थ्य संबंधी चुनौतियां भी बनी रहीं.

निष्कर्ष:

उनकी कुंडली में ग्रहों की अनूठी स्थिति (विशेषकर बुध-शुक्र-सूर्य का प्रभाव) उन्हें एक बहुमुखी प्रतिभा का धनी, जन-आकर्षक और कला के क्षेत्र में अमर बनाती है

हेमा मालिनी

हेमा मालिनी धर्मेंद्र देओल एक भारतीय अभिनेत्री, निर्देशक, निर्माता और राजनीतिज्ञ हैं, जो वर्तमान में भारतीय जनता पार्टी की ओर से 2014 से मथुरा निर्वाचन क्षेत्र का प्रतिनिधित्व करते हुए लोकसभा सदस्य के रूप में कार्यरत हैं। मुख्य रूप से हिंदी फिल्मों में अपने काम के लिए जानी जाने वाली, उन्होंने हास्य और नाटकीय दोनों तरह की भूमिकाओं में अभिनय किया है, और वह मुख्यधारा के हिंदी सिनेमा की सबसे लोकप्रिय और सफल प्रमुख अभिनेत्रियों में से एक हैं। हेमा मालिनी ने 1963 में तमिल फिल्म इधु सत्यम से अपने अभिनय की शुरुआत की. हेमा मालिनी ने पहली बार सपनों का सौदागर (1968) में मुख्य भूमिका निभाई और कई हिंदी फिल्मों में अभिनय किया, अक्सर धर्मेंद्र के साथ, जिनसे उन्होंने 1980 में शादी की. हेमा मालिनी को 2000 में पद्म श्री से सम्मानित किया गया, जो भारत सरकार द्वारा दिया जाने वाला चौथा सर्वोच्च नागरिक सम्मान है.

जन्म - 16-10-1948

समय - 00:30

स्थान - तिरुचिरापल्ली

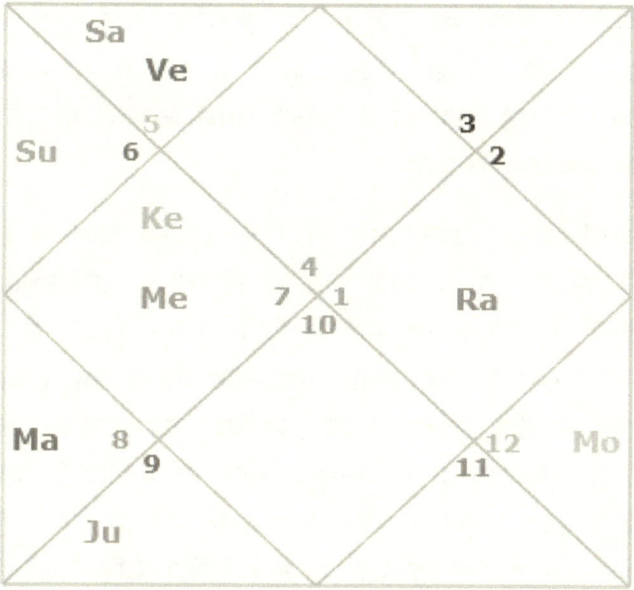

लग्न - कर्क

राशी - मीन

वक्री ग्रह - बुध

धनु (Sagittarius) - यह बृहस्पति की अपनी राशि है. इस राशि में बृहस्पति की स्थिति वाले व्यक्ति धनी, विद्वान, प्रभावशाली, कुलीन, भरोसेमंद, परोपकारी होते हैं और उनमें अच्छी संगठनात्मक क्षमता और बोलने की अच्छी कला होती है. राहु की महादशा 14 मई 1953 में लगी. राहु दसवें भाव में स्थित है ऐसे में इनकी पढ़ाई लिखाई के ज्यादा अच्छे योग नहीं रहे और इनका शुरुआत से ही कला के क्षेत्र में झुकाव रहा. इस दौरान इन्हें काफी संघर्ष करना पड़ा लेकिन बाद में इन्हें कला के क्षेत्र में काफी सफलताएं मिली. राहु की महादशा में कई बार ये कई विवादों से जुड़ी, लेकिन 1962 इनके लिए अपने कला के क्षेत्र में तरक्की करने के योग बने. कर्क लग्न चन्द्रमा प्रधान होने से उनका चेहरा काफी आकर्षक व सुन्दर है. इनकी कुंडली में 16 जून 2017 में चन्द्र की महादशा लगी जो की इनकी जन्म कुंडली के नवमें भाव

में बैठे हैं. यहां से भाग्य का स्थान देखा जाता है. इस महादशा के अंतर्गत इनको रुपये पैसे मन की शांति और काम के क्षेत्र में भाग्य का बहुत बड़ा सहयोग मिलता है. इस महादशा में इनको अपने कार्य के क्षेत्र में प्रसिद्धि और आगे बढ़ने में सहायता मिलती है.

लग्न का स्वामी चंद्रमा जल राशि मीन के अंतिम भाव में स्थित है, जो दोहरी प्रकृति की है. चंद्रमा नौवें भाव में स्थित है. शक्तिशाली सूर्य दूसरे भाव का स्वामी है, जो मुख्य रूप से वित्त और परिवार से जुड़ा है. सूर्य तीसरे भाव में स्थित है. इस प्रकार सूर्य और चंद्रमा एक दूसरे के विपरीत हैं. यह स्थिति भारतीय अभिनेत्री हेमा मालिनी को आकर्षक और सुंदर रूप प्रदान करती है. बुध तीसरे और बारहवें भाव का स्वामी है. बुध वायु राशि तुला में वक्री है और अशुभ केतु के साथ चौथे भाव में स्थित है. चौथा और ग्यारहवां भाव शुक्र द्वारा शासित है. शुक्र अग्नि राशि सिंह में चतुर शनि के साथ स्थित है. दोनों दूसरे भाव में स्थित हैं. कर्क लग्न के लिए मंगल को सबसे लाभकारी 'योग कारक' माना जाता है. मंगल अपनी ही राशि वृश्चिक में स्थित है और पंचम भाव में है. यह स्थिति सर्वोत्तम 'राज योग' का समर्थन करती है। इसके परिणामस्वरूप **सांसद हेमा मालिनी को** धन और समृद्धि प्राप्त होती है. शुभ बृहस्पति नौवें और छठे भाव का स्वामी है. बृहस्पति अपनी ही राशि धनु में छठे भाव में स्थित है. इसी स्थिति के कारण सांसद हेमा मालिनी का विवाह कुछ अपरंपरागत रहा. उन्होंने धर्मेंद्र से विवाह किया और उनकी दो बेटियां हैं. छाया ग्रह राहु अग्नि राशि मेष में दसवें भाव में स्थित है.

जूही चावला

जूही चावला एक भारतीय अभिनेत्री, वॉइस एक्ट्रेस, फिल्म निर्माता और टेलीविजन प्रस्तुतकर्ता हैं.

जूही चावला एक भारतीय अभिनेत्री हैं जो मुख्य रूप से हिंदी फिल्मों में काम करती हैं, इसके अलावा वह कन्नड़, पंजाबी, तेलुगु, बंगाली, तमिल और मलयालम फिल्मों में भी काम करती हैं. 1984 में मिस इंडिया प्रतियोगिता की विजेता, उन्होंने 1986 में फिल्म 'सुल्तानत' से अपने अभिनय करियर की शुरुआत की. उनकी पहली व्यावसायिक सफलता कन्नड़ फिल्म 'प्रेमलोका' (1987) थी.

1993 तक, 'हम हैं राही प्यार के' (1993) में अभिनय करने के बाद, वह बॉलीवुड की सबसे सफल अभिनेत्रियों में से एक बन चुकी थीं. इस फिल्म ने उन्हें एक हास्य अभिनेत्री के रूप में स्थापित किया और इसके लिए उन्हें सर्वश्रेष्ठ अभिनेत्री का फिल्मफेयर पुरस्कार मिला.

जन्म - 13-11-1966

समय - 01:15

स्थान - मुंबई

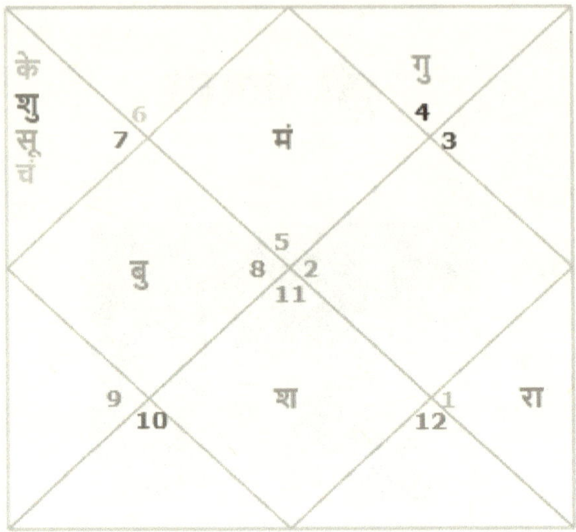

लग्न - सिंह

राशी - तुला

वक्री ग्रह - बुध, शनी

जूही चावला की कुंडली के अनुसार, वह दृढ़निश्चयी, बुद्धिमान, कोमल हृदय वाली और दार्शनिक विचारों वाली महिला हैं। उनमें कलात्मकता, परोपकार और एकांतप्रियता का अनूठा मिश्रण है। उनकी कुंडली में तेज याददाश्त और तार्किक दिमाग प्रमुखता से दिखता है, जिससे वह अपने कार्यक्षेत्र में निपुण और सफल रही हैं।

जूही चावला कुंडली parikshan (मुख्य बातें):

- इनके लग्न मे मंगल बैठा है. शनी उच्च का होकर सातवे घर मे बैठा है. सातवा घर जीवनसाथी का होता है.
- मंगल और शनी की वजह से इन्हे बहोत ज्यादा उमर वाले व्यक्ती से शादी करनी पडी.
- दृढ़ इच्छाशक्ति: वह अपने लक्ष्यों के प्रति दृढ़ और ईमानदार रहती हैं, तथा क्रांतिकारी विचारों वाली हैं।

- भावनात्मक और कलात्मक: संवेदनशील, रोमांटिक और भावुक स्वभाव के कारण सुंदरता के प्रति आकर्षित रहती हैं।
- गोपनीयता: वह गोपनीयता को महत्व देती हैं और अपने मन की बात आसानी से किसी के सामने उजागर नहीं करतीं।
- कार्यकुशलता: अपने काम को अद्भुत तरीके से करने और तर्क-वितर्क से विवाद सुलझाने में माहिर।
- ध्यान और एकांत: एकांत, ध्यान और उपासना में गहरी रुचि।
- आत्मनिर्भर: एक स्वाभिमानी और आत्मनिर्भर व्यक्तित्व।

सुधार के लिए संकेत (ज्योतिषीय दृष्टिकोण से):

कुंडली के अनुसार, उन्हें एकांतप्रियता, चिंता और निराशावाद से बचना चाहिए और अत्यधिक भावुकता पर नियंत्रण रखना चाहिए।

श्रीदेवी

श्रीदेवी का जन्म 13-8-1963 को मंगलवार के दिन हुआ था. विक्रम सम्वत 2020 के भाद्रपद माह की कृष्ण पक्षीय नवमी को जन्म समय प्रातः 5.30 पर जन्म स्थान चेन्नई में कर्क लग्न के अंतर्गत हुआ था। लग्न में ही सूर्य और शुक्र स्थित हैं।

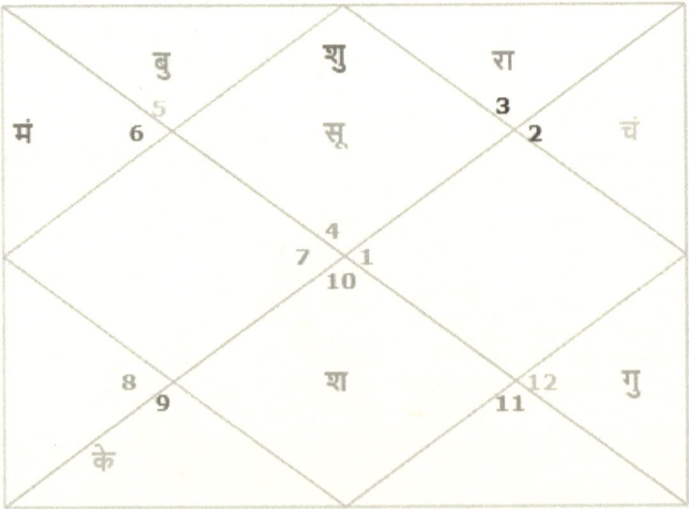

लग्न - कर्क

राशी - वृषभ

वक्री ग्रह - गुरु, शनी

श्रीदेवी की कुंडली के विश्लेषण से पता चलता है कि वह कर्क लग्न में जन्मी थीं और उनका लग्न स्वामी चंद्रमा वृषभ राशि में उच्च स्थान पर था, जिसने उन्हें अत्यधिक सफलता और प्रसिद्धि दिलाई. लग्न में सूर्य और शुक्र की युति और नवम भाव से गुरु की दृष्टि उनके करियर में बहुत सहायक थी. रोग भाव में केतु स्थित हैं, धनु राशि में. भाग्य स्थान देवगुरु वृहस्पति स्थित हैं मीन राशि में.

हालाँकि, कुंडली में कुछ नकारात्मक योग भी थे, जैसे कि शनि (जो मारक था) सप्तम भाव में स्थित था और अष्टम शनि की ढैय्या भी चल रही थी, जो उनके दुखद निधन के ज्योतिषीय कारणों की ओर इशारा करते हैं.

वैदिक ज्योतिष के आधार पर, उनकी महादशा अवधि इस प्रकार होगी:

1. **सूर्य महादशा: 1963-1965**
2. **चंद्र महादशा: 1965 - 1975**
3. **मंगल महादशा: 1975 - 1982**
4. **राहु महादशा: 1982 - 2000**
5. **बृहस्पति महादशा: 2000 - 2016**
6. **शनि महादशा: 2016 - 2035**

मौत का कारण- रहस्य का खुलासा

लग्न जलीय राशि में है और शुक्र पीड़ित है (शनि/अष्टमेश द्वारा दृष्ट) यह दर्शाता है कि जातक की अंतिम साँस जल में या उसके निकट होगी. लग्न स्वामी चंद्रमा उच्च का होने के बावजूद किसी भी शुभ ग्रह द्वारा दृष्ट नहीं है, बल्कि राहु के प्रभाव में है. जब अष्टमेश शनि सूर्य और शुक्र को देख रहा हो, तो ऐसा माना जाता है कि जातक के सिर पर दुर्घटनावश चोट लग जाती

है और उसकी मृत्यु जल में या उसके निकट हो जाती है (मकर राशि, जहाँ अष्टमेश शनि स्थित है, सीमित जल स्थान या तालाब का भी प्रतीक है). शनि जल में या टाइफाइड आदि से मृत्यु देने की क्षमता रखता है.

1977: "16 वायथिनिले" के लिए फिल्मफेयर सर्वश्रेष्ठ अभिनेत्री (तेलुगु) जीता.

1982: "मीनदुम कोकिला" (सर्वश्रेष्ठ अभिनेत्री - तमिल) के लिए फिल्मफेयर पुरस्कार जीता.

1990: "चालबाज" के लिए फिल्मफेयर पुरस्कार जीता, जिसमें उन्होंने दोहरी भूमिका निभाई (सर्वश्रेष्ठ अभिनेत्री - हिंदी).

1992: "लम्हे" (सर्वश्रेष्ठ अभिनेत्री - हिंदी) के लिए फिल्मफेयर पुरस्कार जीता.

1993: "खुदा गवाह" में अपने काम के लिए फिल्मफेयर विशेष पुरस्कार जीता.

- अपने परिवार और बच्चों को प्राथमिकता देने के लिए उन्होंने अभिनय से कुछ समय के लिए विराम ले लिया.

"इंग्लिश विंग्लिश" (2012) के साथ सफल वापसी की, जिसमें उन्होंने अपनी स्थायी प्रतिभा और लोकप्रियता का प्रदर्शन किया.

गुरु के प्रभाव ने उनके करियर में उच्च पद और निरंतर अवसर सुनिश्चित किये.

2013: भारतीय सिनेमा में उनके योगदान के लिए फिल्मफेयर लाइफटाइम अचीवमेंट पुरस्कार और भारतीय सिनेमा में उनके योगदान के लिए पद्म श्री पुरस्कार प्राप्त किया.

नकारात्मक योग और संभावित जोखिम:

- मारक शनि: शनि इस कुंडली में मारक था और सप्तम भाव में स्थित था, जो वैवाहिक जीवन और मृत्यु का स्थान माना जाता है.
- शनि-चंद्र विष योग: शनि और चंद्रमा की युति से बना विष योग उनके जीवन में चुनौतियाँ पैदा कर सकता था.

- अष्टम शनि की ढैय्या: निधन के समय शनि की अष्टम ढैय्या चल रही थी, जो ज्योतिष के अनुसार एक अशुभ योग माना जाता है.
- अष्टम भाव पर राहु और बुध की दृष्टि: बुध और राहु अष्टम भाव को देख रहे थे, जो जीवन के जोखिमों को बढ़ाता है.
- राहू का द्वादश भाव में होना: राहु का 12वें भाव में होना, जो विदेश से संबंधित है, यह संकेत देता है कि वे अपने जीवन के अंतिम दिनों में विदेश में थीं, जैसा कि उनके निधन के समय हुआ था.

निष्कर्ष

श्रीदेवी की कुंडली में सफलता के कई योग थे, लेकिन कुछ नकारात्मक ग्रहों की स्थिति और वर्तमान दशाओं ने उनके दुखद अंत की ज्योतिषीय व्याख्या की ओर इशारा किया. उनके जीवन की अत्यधिक सफलता और अंतिम समय में ग्रहों की नकारात्मक स्थिति के संयोजन का विश्लेषण ज्योतिष में एक दिलचस्प अध्ययन का विषय है.

सलमान खान

सलमान खान ने हाल के वर्षों में वांटेड, दबंग और रेडी जैसी ब्लॉकबस्टर फिल्में देकर बॉलीवुड के शीर्ष सुपरस्टार के रूप में अपनी पहचान बनाई है. करीना कपूर के साथ उनकी फिल्म बॉडीगार्ड को भी 2011 की सबसे बड़ी हिट फिल्मों में से एक माना जा रहा है. सलमान खान लगातार गलत कारणों से सुर्खियों में बने रहते हैं और उन्हें बॉलीवुड का बैड बॉय कहा जाता है. कैटरीना कैफ और ऐश्वर्या राय जैसी शीर्ष अभिनेत्रियों के साथ उनके संबंधों के कारण उनका निजी जीवन भी काफी चर्चा में रहा है. हालांकि, सलमान खान को जानने वाले लोग उन्हें सोने के दिल का इंसान मानते हैं. वे मानवीय कार्यों में भी सहयोग करते हैं और "बीइंग ह्यूमन" नामक एक गैर सरकारी संगठन चलाते हैं.

जन्म - 27-12-1965

समय - 14:30

स्थान - इंदोर

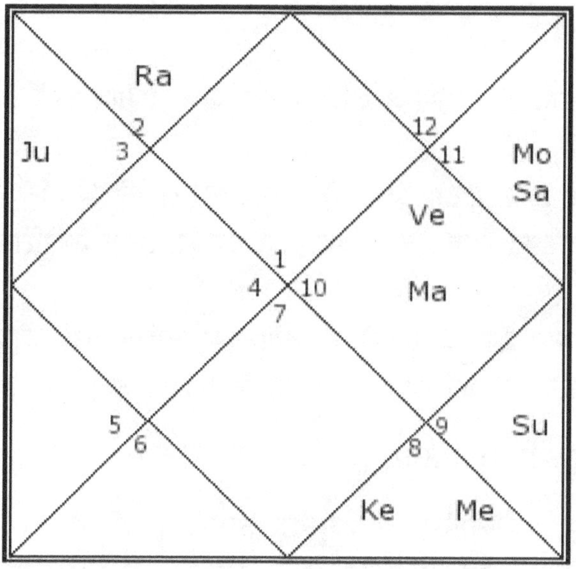

लग्न - मेष

राशी - कुंभ

वक्री ग्रह - गुरु

सलमान खान की कुंडली (मेष लग्न):

- लग्न और राशि: सलमान खान की कुंडली मेष लग्न (Aries Ascendant) की है और उनकी राशि कुंभ (Aquarius) है.
- विष योग: इनकी कुंडली में चंद्रमा और शनि की युति (एक साथ होना) विष योग का निर्माण करती है, जिसे ज्योतिष में अशुभ माना जाता है. यह योग जीवन में समस्याओं और विवादों का कारण बनता है.
- चंद्रमा और गुरु: चंद्रमा और गुरु की स्थिति उन्हें जीवन में राहत और सफलता प्रदान करती है.
- मूलांक (Numerology): उनका जन्म 27 दिसंबर 1965 को हुआ है, जिसके अनुसार उनका मूलांक 9 बनता है.
- महादशा: वर्तमान में उन पर शनि की महादशा और राहु की अंतर दशा का प्रभाव माना जा रहा है.

ज्योतिषीय अंतर्दृष्टि:

- सफलता: कुंभ राशि में शनि और सूर्य का प्रभाव उन्हें अपार लोकप्रियता देता है.
- विवाद और शादी: विष योग और मंगल की स्थिति के कारण उनके विवादास्पद संबंध और विवाह में देरी/ना होना ज्योतिषीय रूप से देखा जाता है.
- स्वास्थ्य: उनकी कुंडली में स्वास्थ्य संबंधी परेशानियां (ट्राइजेमिनल न्यूराल्जिया) भी ग्रहों के प्रभाव के कारण चर्चा में रहती हैं.

भविष्यवाणियां और चुनौतियां

- विवाह: ज्योतिषियों के अनुसार, उनकी कुंडली में सप्तम भाव पर पाप ग्रहों का प्रभाव उनके विवाह में देरी का मुख्य कारण रहा है.
- स्वास्थ्य और सुरक्षा: हाल के ज्योतिषीय विश्लेषणों में उनके स्वास्थ्य और सुरक्षा को लेकर सतर्क रहने की सलाह दी गई है, विशेषकर 2025-26 के समय में.
- उच्च का मंगल: मंगल अपनी उच्च राशि (मकर) में स्थित होकर उन्हें साहस, शक्ति और एक प्रभावशाली व्यक्तित्व प्रदान करता है.
- शनि की स्थिति: शनि कुंभ राशि में होने के कारण उन्हें अपार लोकप्रियता और दीर्घायु प्रदान करता है.
- सूर्य और गुरु: धनु राशि में सूर्य उन्हें परोपकारी बनाता है, जबकि गुरु की अनुकूल स्थिति उन्हें संकटों से राहत दिलाती है.

अंक ज्योतिष (Numerology)

जन्मांक: 9 (मूलांक), जो मंगल का अंक है और उनके जुझारू स्वभाव को दर्शाता है.

भाग्यांक: 6 (शुक्र का अंक), जो उन्हें फिल्म उद्योग और कला के क्षेत्र में सफलता दिलाता है.

अक्षय कुमार

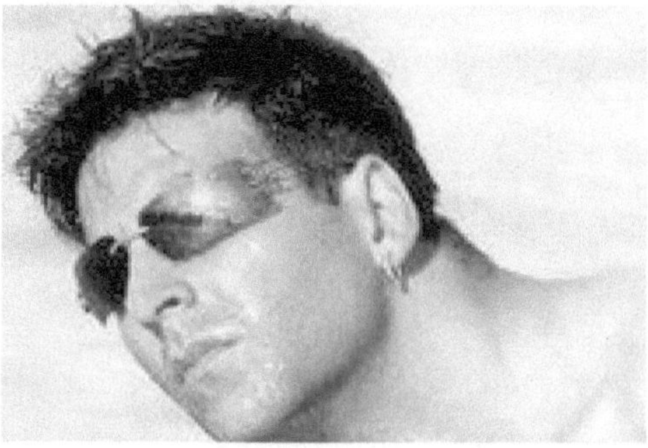

अक्षय कुमार बॉलीवुड के सुपर एक्शन हीरो और कॉमेडी एक्टर हैं. इन्हें 'खिलाड़ी कुमार' भी कहा जाता है. अक्षय का जन्म 9 सिंतबर 1967 को पंजाब राज्य के अमृतसर शहर में हुआ था. अक्षय बॉलीवुड के सुपरस्टार रह चुके राजेश खन्ना के दामाद और उनकी बड़ी बेटी ट्विंकल खन्ना के पति हैं. शानदार एक्टिंग और जबरदस्त फैन फॉलोइंग के चलते अक्षय कुमार की हर फिल्म सुपरहिट होती है. 51 की उम्र में भी अक्षय की युवाओं जैसी बॉडी और फिटनेस लोगों को खासा आकर्षित करती है.

जन्म - 09-09-1967

समय - 12:05

स्थान - अमृतसर

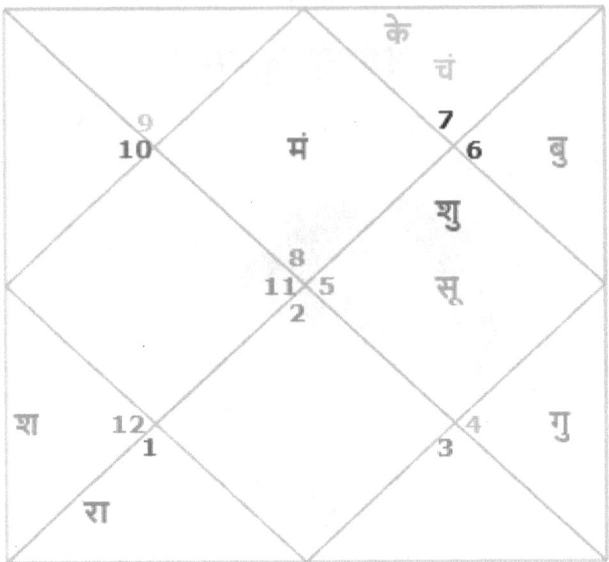

लग्न - वृश्चिक

राशी - तुला

वक्री ग्रह - शुक्र, शनी

अक्षय कुमार की कुंडली और ज्योतिषीय विवरण:

- जन्म विवरण: अक्षय कुमार का जन्म 9 सितंबर 1967 को अमृतसर, पंजाब में हुआ था.
- राशि और लग्न: उनकी कुंडली के अनुसार, वे वृश्चिक राशि के हैं और उनका लग्न कुंडली में मेष या वृश्चिक के बीच मिश्रित ऊर्जा दिखाता है, जो उन्हें अनुशासित और दृढ़निश्चयी बनाता है.
- मूलांक: उनका मूलांक 9 है, जो मंगल ग्रह द्वारा शासित है। यह उन्हें बेहद ऊर्जावान, साहसी और फिट रहने की क्षमता देता है.
- चंद्रमा: उनकी कुंडली में चंद्रमा लग्न में या उसके निकट होने के कारण उन्हें फिल्म उद्योग में अपार सफलता और लोकप्रियता प्राप्त हुई है.

- मंगल का प्रभाव: उनका मूलांक 9 है, जिसका स्वामी मंगल है। यही कारण है कि वे मार्शल आर्ट्स, एक्शन और खेलकूद में बहुत सक्रिय और ऊर्जावान रहते हैं.
- गुरू और शुक्र की स्थिति: कुंडली में गुरू (बृहस्पति) और शुक्र की शुभ स्थिति उन्हें धन, वैभव और एक सुखी वैवाहिक जीवन प्रदान करती है.
- अनुशासन और जीवनशैली: उनकी सफलता का श्रेय उनकी कुंडली में ग्रहों के अनुशासन प्रिय प्रभाव को भी दिया जाता है, जिसके कारण वे सुबह 4 बजे उठने और सख्त डाइट फॉलो करने जैसे नियमों का पालन करते हैं.
- करियर और सफलता: ज्योतिषीय विश्लेषण के अनुसार, उनकी कुंडली में सूर्य और मंगल की स्थिति उन्हें एक्शन और अभिनय में शानदार सफलता दिलाती है. "खिलाड़ी कुमार" के रूप में उनकी छवि उनकी कुंडली के साहसी स्वभाव को दर्शाती है.
- व्यक्तित्व और स्वास्थ्य: वे अपनी कड़ी मेहनत और अनुशासन के लिए जाने जाते हैं. वे सुबह 4.30 बजे उठते हैं और 6.30 बजे तक रात का भोजन कर लेते हैं, जो उनके अनुशासित जीवनशैली को दर्शाता है. वे एक शुद्ध शाकाहारी जीवन शैली का पालन करते हैं.
- ग्रहों का प्रभाव: उनकी कुंडली में कर्म का स्वामी मजबूत स्थिति में है, जिसके कारण वे लगातार काम करते हैं और फिल्मों के बीच बहुत कम ब्रेक लेते हैं.

कैटरीना कैफ

कैटरीना कैफ भारतीय सिने अभिनेत्री हैं. इनका जन्म 16 जुलाई 1984 को हॉन्ग कॉन्ग के ब्रितानी शहर में हुआ था. हिंदी फिल्मों के साथ ही इस अभिनेत्री ने तेलुगू और मलयालम फिल्मों में भी काम किया है. कैटरीना का नाम दुनिया की सबसे खूबसूरत अभिनेत्रियों में भी गिना जाता है. अभिनय के अलावा, कैटरीना स्टेज शो और अवार्ड कार्यक्रमों में भाग लेती रहती हैं. ब्रिटिश मूल की कैटरीना रोजगार वीजा पर भारत में काम करती हैं. हिंदी न आने के बावजूद कैटरीना ने भारतीय सिनेमा को कई ब्लॉक बस्टर फिल्में दी हैं.

जन्म - 16-07-1983

समय - 06:40

स्थान - हाँगकाँग

लग्न - कर्क

राशी - कन्या

वक्री ग्रह - गुरु

प्रमुख ज्योतिषीय अवलोकन

जन्म विवरण: 16 जुलाई, 1983 को हांगकांग में जन्मीं.

सूर्य और मंगल की युति: उनकी जन्म कुंडली में इस युति को उनकी अपार आंतरिक शक्ति, ऊर्जा और शारीरिक तंदुरुस्ती का श्रेय दिया जाता है.

शनि का प्रभाव: तुला राशि में शनि की स्थिति उनके पेशेवर सफलता और अनुशासित दृष्टिकोण में एक प्रमुख कारक रही है, जिससे उन्हें सांस्कृतिक और भाषाई बाधाओं को दूर करने में मदद मिली है.

सिंह राशि में शुक्र: उनकी नृत्य क्षमताओं और स्वाभाविक आकर्षण को बढ़ाता है, साथ ही रिश्तों में "विशेष" माने जाने की आवश्यकता को भी दर्शाता है.

गुरु चांडाल दोष: उनकी कुंडली में बृहस्पति और केतु की युति को कभी-कभी एक ऐसे कारक के रूप में देखा जाता है जो कभी-कभार बाधाएं उत्पन्न कर सकता है या उन्हें पूर्ण सफलता से दूर रख सकता है.

संबंध और अनुकूलता

चंद्र राशि: उनकी चंद्र राशि कन्या है, यह उन्हें व्यावहारिक और बारीकियों पर ध्यान देने वाली बनाती है.

विक्की कौशल के साथ अनुकूलता: उनकी जोड़ी मजबूत मानी जाती है क्योंकि उनकी कन्या राशि और विक्की की वृषभ राशि पर मित्र ग्रहों (बुध और शुक्र) का शासन है. यह स्थिति गहरी समझ का संकेत देती है, हालांकि वृषभ का अधिकार जताने वाला स्वभाव कभी-कभी कन्या के स्वभाव से टकरा सकता है.

ममता कुलकर्णी

ममता कुलकर्णी (जन्म 20 अप्रैल 1972) एक भारतीय पूर्व अभिनेत्री और मॉडल हैं, जो बाद में हिंदू साध्वी बन गईं और हिंदी सिनेमा में अपने काम के लिए जानी जाती हैं। अपने समय की सबसे सफल अभिनेत्रियों में से एक, उन्होंने वक्त हमारा है (1993), क्रांतिवीर (1994), करण अर्जुन (1995), सबसे बड़ा खिलाड़ी (1995), आंदोलन (1995), बाज़ी (1996), चाइना गेट (1998) और छुपा रुस्तम: ए म्यूजिकल थ्रिलर (2001) जैसी कई व्यावसायिक रूप से सफल हिंदी फिल्मों में अभिनय किया है। फिल्म आशिक आवारा (1993) में उनके अभिनय के लिए उन्हें 1994 का फिल्मफेयर पुरस्कार लक्स न्यू फेस ऑफ द ईयर मिला। फिल्म कभी तुम कभी हम में अभिनय करने के बाद उन्होंने फिल्म उद्योग छोड़ दिया।

जन्म - 20-04-1972

समय - 12:00

स्थान - मुंबई

लग्न - कर्क

राशी - कर्क

वक्री ग्रह - नही

ममता कुलकर्णी, जो 90 के दशक की एक प्रसिद्ध बॉलीवुड अभिनेत्री थीं, के बारे में ज्योतिषीय दृष्टिकोण से निम्नलिखित जानकारी उपलब्ध है:

- जन्म विवरण: ममता कुलकर्णी का जन्म 20 अप्रैल 1972 को मुंबई में हुआ था।
- ज्योतिषीय प्रोफाइल: ज्योतिषीय गणना के अनुसार, उनका जन्म वृषभ राशि (Taurus) के अंतर्गत हो सकता है, लेकिन उनकी सटीक जन्म कुंडली और ग्रहों की स्थिति को लेकर विभिन्न ज्योतिषीय वेबसाइटों पर अलग-अलग राय हो सकती है। उनकी कुंडली का विश्लेषण अक्सर उनके जीवन में आए उतार-चढ़ाव, जैसे कि अभिनय से अचानक दूरी और फिर आध्यात्मिक मार्ग (साध्वी जीवन) की ओर झुकाव को समझने के लिए किया जाता है।

- जीवन का मोड़: अभिनेत्री से साध्वी बनने का उनका निर्णय ज्योतिषीय रूप से केतु या शनि के प्रभाव से जोड़ा जाता है, जो सांसारिक मोह-माया से विरक्ति और आध्यात्मिकता का संकेत देते हैं।
- विवाद और राहत: 2016 में ड्रग्स मामले में नाम आने और विक्की गोस्वामी के साथ उनके संबंधों के कारण भी उनकी कुंडली और जीवन चर्चा में रहा है, हालांकि बाद में उन्हें कुछ मामलों में राहत मिली।

ममता कुलकर्णी

उनकी कुंडली के मुख्य पहलू निम्नलिखित हैं:

- जन्म तिथि: 20 अप्रैल 1972।
- जन्म स्थान: मुंबई, महाराष्ट्र।
- राशि: उनकी सूर्य राशि मेष (Aries) है।

हालिया जीवन और बदलाव (2025-2026)

ममता कुलकर्णी के जीवन में हाल ही में बड़े आध्यात्मिक और करियर संबंधी बदलाव आए हैं:

- आध्यात्मिक जीवन: जनवरी 2025 में, वह प्रयागराज महाकुंभ के दौरान किन्नर अखाड़े की महामंडलेश्वर बन गईं और अब उन्हें ममता नंद गिरी के नाम से जाना जाता है।
- टीवी पर वापसी: मार्च 2026 में, उन्होंने लगभग 25 साल बाद टीवी शो 'लाफ्टर शेफ्स अनलिमिटेड एंटरटेनमेंट सीजन-3' में गेस्ट के रूप में वापसी की है।
- विवाद: वह हाल ही में नासिक के एक कथित ढोंगी बाबा, अशोक खरात से जुड़े मामले में अपने बयानों के कारण चर्चा में रहीं।

करियर और पृष्ठभूमि

- फिल्मी शुरुआत: उन्होंने 1992 में फिल्म 'तिरंगा' से अपने करियर की शुरुआत की थी।

- प्रसिद्ध गाने: उनके मशहूर गानों में "मुझको राणा जी माफ करना" और "भोली भाली लड़की" शामिल हैं।
- पारिवारिक पृष्ठभूमि: उनका असली नाम पद्मावती कुलकर्णी था। उनके पिता मुकुंद कुलकर्णी ट्रांसपोर्ट कमिश्नर थे।

दिव्या भारती

दिव्या भारती (25 फरवरी 1974 - 5 अप्रैल 1993) एक भारतीय अभिनेत्री थीं जिन्होंने मुख्य रूप से हिंदी और तेलुगु सिनेमा में काम किया। अपने अभिनय, जीवंतता और सुंदरता के लिए जानी जाने वाली, वह अपने समय की सबसे अधिक भुगतान पाने वाली अभिनेत्रियों में से थीं। उन्हें अपने अभिनय के लिए फिल्मफेयर पुरस्कार और नंदी पुरस्कार मिला।

जन्म - 25 फरवरी, 1974

समय - 18:00

स्थान - मुंबई

मृत्यु - 5 अप्रैल, 1993 (19 वर्ष की आयु)

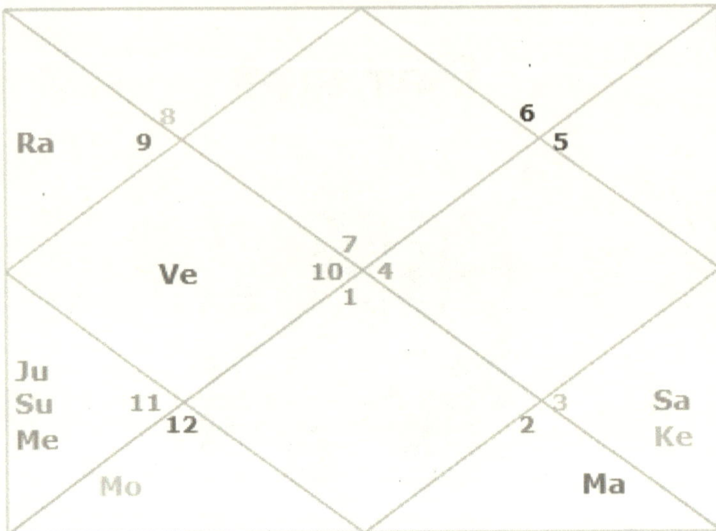

लग्न - तुला

राशी - मीन

वक्री ग्रह - बुध, शनी

ज्योतिषीय व्याख्याओं के अनुसार, अभिनेत्री दिव्या भारती की कुंडली में अल्पायु योग था, यानी अल्प आयु का संकेत। 5 अप्रैल, 1993 को 19 वर्ष की आयु में उनका निधन हो गया।

ज्योतिष के अनुसार, दिव्या भारती की कुंडली में अष्टम भाव (आयु स्थान) में कमजोर ग्रहों की स्थिति और लग्नेश (लग्न स्वामी) की अशुभता के कारण अल्पायु योग बना, जिससे उनकी 19 वर्ष की कम उम्र में मृत्यु हुई, जो ज्योतिष में 0-32 वर्ष तक की आयु को अल्पायु माना जाता है; पाप ग्रहों का चंद्र के साथ त्रिक भावों (6, 8, 12) में होना और लग्नेश का कमजोर होना अल्पायु योग के मुख्य कारण होते हैं, और दिव्या भारती के मामले में, उनकी कुंडली के ग्रहों की स्थिति ने इस योग को प्रबल किया, हालांकि मृत्यु का सटीक कारण (गिरना) एक दुर्घटना थी, ज्योतिष केवल संभावना बताता है।

अल्पायु योग के ज्योतिषीय कारण (संभावित):

1. चंद्रमा और पाप ग्रहों का प्रभाव: यदि चंद्रमा शनि, राहु, केतु जैसे पाप ग्रहों से पीड़ित होकर 6, 8, या 12वें भाव (त्रिक भाव) में हो, तो अल्पायु योग बनता है।
2. लग्नेश की स्थिति: लग्न का स्वामी (लग्नेश) यदि कमजोर हो, तो यह योग और प्रबल हो जाता है।
3. अष्टम भाव: आयु का निर्धारण करने वाला अष्टम भाव यदि पाप ग्रहों से प्रभावित हो या शुभ ग्रहों की स्थिति कमजोर हो तो अल्पायु का संकेत मिलता है।

दिव्या भारती के मामले में:

- उनकी कुंडली में अष्टम भाव, लग्नेश और चंद्रमा की स्थिति को देखकर ज्योतिषी अल्पायु योग का अनुमान लगाते हैं।
- उनकी मृत्यु 19 वर्ष की अल्पायु में हुई, जो ज्योतिष में अल्पायु (0-32 वर्ष) की श्रेणी में आती है, और यह ज्योतिषीय योगों से मेल खाती है, हालाँकि उनकी मृत्यु का कारण एक दुर्घटना थी, न कि केवल ग्रह योग का परिणाम।

निष्कर्ष: ज्योतिषीय रूप से, दिव्या भारती की कुंडली में ग्रहों की ऐसी स्थिति थी जो अल्पायु योग बनाती है, जिससे कम उम्र में मृत्यु की संभावना थी, और उनकी अल्पायु ने इन योगों को सिद्ध किया।

शुक्र चतुर्थ भाव में शुभ स्थिति में।

मृत्यु 3 अप्रैल 1993

शुक्र की महादशा

शुक्र दशम भाव, कर्क राशि स्वामी चंद्रमा को देख रहा है।

मंगल राहु आक्रामक है। चतुर्थेश शनि भाग्य स्थान में है। शनि केतु ने नवम भाव को क्षतिग्रस्त कर दिया है।

पंचम भाव अच्छे परिणाम दे रहा है। छठा भाव कमजोर है। शनि छठे भाव को देख रहा है। विष दोष। सप्तम भाव का स्वामी अष्टम भाव मे।

विवाह बहुत अच्छा नहीं है। सूर्य एकादश भाव को देख रहा है। धन आदि अच्छा है।

आठवें भाव में आकस्मिक मृत्यु, रक्त हानि। शुक्र, सूर्य, बुध, मंगल

आठवें भाव में केतु का गोचर। शनि की साढ़ेसाती।

1990 के दशक की शुरुआत में मीन राशि पर साढ़ेसाती का प्रभाव था, जब शनि मकर और कुंभ राशि में थे, जो 1990 से लगभग 1994-95 तक चली थी (यह एक अनुमानित अवधि है)।

राजपाल यादव

राजपाल नौरंग यादव (जन्म 16 मार्च 1971) एक भारतीय अभिनेता और हास्य कलाकार हैं. उन्हें राम गोपाल वर्मा की फिल्म 'जंगल' (2000) में नकारात्मक भूमिका से पहचान मिली. यादव ने वर्षों से अपने हास्य अभिनय के लिए व्यापक ख्याति अर्जित की है और उन्हें फिल्मफेयर और स्क्रीन अवार्ड्स जैसे कई पुरस्कारों के लिए नामांकित किया गया है.

जन्म - 16-03-1971

समय - 08:30

स्थान - शाहजहांपूर

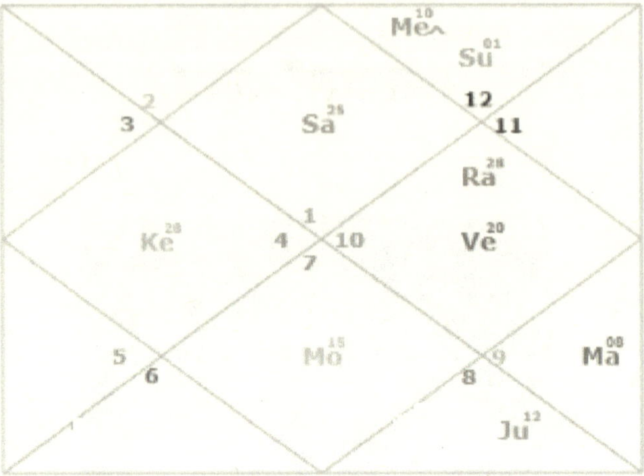

राजपाल यादव का जन्म 16 मार्च 1971 को सुबह 8:30 बजे शाहजहांपुर, उत्तर प्रदेश में हुआ। उनकी कुंडली **मेष लग्न** की है। दशम भाव (करियर) में शुक्र और राहु की उपस्थिति के साथ, शनि की नीच स्थिति (मेष राशि) के कारण उनके जीवन में संघर्ष, कानूनी विवाद, और आर्थिक उतार-चढ़ाव (जैसे चेक बाउंस मामले में जेल) देखे गए हैं।

राजपाल यादव की कुंडली के मुख्य बिंदु (ज्योतिषीय विश्लेषण):

- लग्न: मेष (Mesha Lagna)
- लग्न स्वामी: मंगल
- दशम भाव (करियर): राहु और शुक्र
- शनि की स्थिति: मेष राशि में नीच का शनि, जो प्रतिष्ठा और धन के लिए संघर्ष का संकेत देता है।
- वर्तमान स्थिति (फरवरी 2026): कुंडली में बुध की महादशा में शनि की अंतर्दशा चल रही है, जिसके कारण करियर में उतार-चढ़ाव और कानूनी परेशानी (तिहाड़ जेल सरेंडर) सामने आई है।

विशेष ज्योतिषीय प्रभाव:

- कुंडली में शनि-राहु-शुक्र का संयोजन जीवन में अप्रत्याशित वित्तीय नुकसान और विवादों का कारण बना।

- नीच का शनि अक्सर व्यक्ति को जीवन में संघर्षों के माध्यम से बहुत कुछ सिखाता है।
- उनका अभिनय और कॉमिक टाइमिंग उन्हें शुक्र (कला) और मंगल (ऊर्जा) की स्थिति से मिलती है।

अभिनेता राजपाल यादव की जन्म कुंडली मुख्य रूप से मेष लग्न की है। उनकी ज्योतिषीय प्रोफाइल और ग्रहों की स्थिति का विवरण नीचे दिया गया है:

मुख्य विवरण (Basic Details)

जन्म तिथि: 16 मार्च 1971

जन्म समय: सुबह 08:30 बजे

जन्म स्थान: शाहजहाँपुर, उत्तर प्रदेश

लग्न: मेष (Aries)

ग्रहों की स्थिति और प्रभाव

- मेष लग्न और सूर्य: उनकी कुंडली में सूर्य लग्न भाव में स्थित है, जो व्यक्ति के व्यक्तित्व और आत्मविश्वास को प्रभावित करता है।
- नीच का शनि: उनकी कुंडली में शनि मेष राशि में नीच स्थिति में है। ज्योतिष शास्त्र के अनुसार, शनि की यह स्थिति न्याय से जुड़ी बाधाओं, प्रतिष्ठा में उतार-चढ़ाव और सत्ता के साथ संघर्ष (जैसे कानूनी विवाद) का कारण बन सकती है।
- दशम भाव (Career House): उनके करियर के दसवें भाव में शुक्र और राहु की युति है। यह योग कला और अभिनय के क्षेत्र में प्रसिद्धि तो दिलाता है, लेकिन जीवन में अचानक आने वाले उतार-चढ़ाव का संकेत भी देता है।
- वर्तमान दशा: रिपोर्ट्स के अनुसार, उनकी कुंडली में वर्तमान में बुध की महादशा में शनि की अंतर्दशा चल रही है, जिसे वित्तीय और व्यक्तिगत रूप से चुनौतीपूर्ण समय माना जाता है।

ज्योतिषीय विश्लेषण (Analysis)

- सफलता: कुंडली में राहु और शुक्र के प्रभाव ने उन्हें फिल्म उद्योग में एक सफल हास्य अभिनेता के रूप में स्थापित करने में मदद की।
- चुनौतियां: शनि की नीच स्थिति और राहु के प्रभाव के कारण उन्हें जेल और कानूनी विवादों का सामना करना पड़ा

मुख्य बिंदु:

- शुक्र-राहु का संयोजन ही उनकी अब तक की करियर सफलता के पीछे का कारण है।
- शनि का सूर्य पर कठोर गोचर बार-बार उत्पन्न होने वाले कानूनी संकटों का कारण बताता है।
- वित्तीय दबाव और सार्वजनिक बदनामी फरवरी 2026 में चरम पर पहुंच गई।
- बृहस्पति के प्रभाव ने उन्हें करियर के सबसे बुरे दौर से बाहर निकाला।
- अगस्त 2026 ओटीटी की वापसी के साथ एक महत्वपूर्ण मोड़ साबित हो सकता है।

फरवरी 2025 तक, राजपाल नौरंग यादव एक बार फिर सुर्खियों में हैं। लेकिन इस बार उनकी हंसी के लिए नहीं। इस बार बात बहुत गंभीर है।

पिछले साल 54 साल के हुए अभिनेता ने 2010 के चेक बाउंस मामले में आखिरकार कार्रवाई होने पर तिहाड़ जेल में आत्मसमर्पण कर दिया। यह पूरा मामला तब से जुड़ा है जब उन्होंने अपनी पहली निर्देशित फिल्म ***'अता पता लापता'* के लिए 5 करोड़ रुपये का कर्ज लिया था।** बाद में, फिल्म बॉक्स ऑफिस पर फ्लॉप हो गई, लेकिन कर्ज का भुगतान रुका रहा।

दुख की बात है कि तिहाड़ जाने से पहले वह रो पड़ा: "सर, मेरे पास पैसे नहीं हैं। यहां हम सब अकेले हैं। मुझे इस संकट से खुद ही निपटना होगा।"

एक पीढ़ी के लिए, राजपाल सिर्फ एक हास्य कलाकार नहीं थे। वे हंगामा में पड़ोस के प्यारे से लड़के, फिर हेरा फेरी में दर्शकों को मंत्रमुग्ध करने वाले अभिनेता और हॉरर फिल्म भूल भुलैया में हँसी के स्रोत थे। एनएसडीए से स्नातक होने से लेकर बॉलीवुड के सबसे भरोसेमंद सहायक अभिनेता बनने तक का उनका सफर अथक परिश्रम का उदाहरण है।

लेकिन इससे पहले कि आप इसे किसी और सेलिब्रिटी के कानूनी झमेले के रूप में खारिज कर दें... क्या होगा अगर उनकी कॉमेडी, उनके संकट और उनकी आगामी वापसी, ये सब दशकों पहले उनकी जन्म कुंडली में लिखे हुए थे?

हमारे वैदिक ज्योतिषियों के अनुसार, यह शुक्र-राहु के एक दुर्लभ संयोजन के बारे में है जिसने भारत को उसका सबसे अप्रत्याशित हास्य प्रतिभा दिया और शनि के एक क्रूर गोचर के बारे में है जिसने करियर की हर ऊँचाई पर जवाबदेही की मांग की।

यह उस शख्स की दिव्य कहानी है जिसने हमें इतना हंसाया कि हमारी आंखों से आंसू आ गए...

शुक्र-राहु संयोजन का उपहार

राजपाल यादव के पर्दे पर अविस्मरणीय होने का सबसे बड़ा कारण क्या है? मकर राशि में शुक्र-राहु की युति।

वैदिक ज्योतिष में, यह संयोजन अपरंपरागत उपहारों के लिए सोने के समान है:

- विचित्र शारीरिक हावभाव जो एक साथ अटपटा और मनमोहक लगता है
- अतिरंजित हास्य-व्यंग्य जो तब भी प्रभावी होता है जब लेखन उतना प्रभावी न हो।
- अप्रत्याशित भाव-भंगिमाएं, उभरी हुई आंखें, हकलाहट, अचानक चुप्पी
- पारंपरिक नायक की भूमिका न निभाने के बावजूद सहायक भूमिकाओं में उनकी लोकप्रियता ने दर्शकों को आकर्षित किया।

राहु अनिश्चितता, जुनून और विचित्रता लाता है, जो कारगर साबित होती है। शुक्र इसे सहज, स्नेहपूर्ण और मानवीय बनाता है।

यही कारण है कि जंगल (2000) में अपनी दमदार नकारात्मक भूमिका के बाद, जिसके लिए उन्हें स्क्रीन और संसुई पुरस्कार मिले, उन्होंने खलनायक की भूमिका दोहराने के बजाय कॉमेडी को चुना। सितारे सचमुच उन्हें हँसी की ओर खींच रहे थे।

यह एक बहुमुखी कलाकार की पहचान है, न कि एक ही तरह का मनोरंजन करने वाले की।

जब भी उनके करियर में ठहराव आया, जुपिटर ने सार्थक, चरित्र-प्रधान परियोजनाओं को उनके सामने पेश किया:

- मैं माधुरी दीक्षित बनना चाहती हूं - दिल से एक दुर्लभ मुख्य भूमिका
- मैं, मेरी पत्नी और वो - संयमित, परिपक्व कॉमेडी
- अर्ध (2022) - एक संघर्षरत अभिनेता की भूमिका पर आधारित एक मेटा रोल, जिसे संभवतः उनका सर्वश्रेष्ठ काम माना जा सकता है।

ये कोई संयोग नहीं थे। ये बृहस्पति ग्रह की कृपा थी जिसने विश्वसनीयता, पुरस्कार, सम्मान और एक मजाकिया चेहरे से कहीं अधिक पहचान बनाने का अवसर प्रदान किया।

आज भी, जब सुर्खियाँ उनकी जेल की सजा पर केंद्रित होती हैं, तो यह याद रखना ज़रूरी है: इस व्यक्ति ने राष्ट्रीय नाट्यशाला में प्रशिक्षण प्राप्त किया था। उन्होंने एक हॉलीवुड फिल्म (भोपाल: बारिश के लिए प्रार्थना) में अभिनय किया था। वे हास्य अभिनय के साथ-साथ मौन को भी उतनी ही प्रभावशाली ढंग से प्रस्तुत कर सकते हैं। बृहस्पति यह सुनिश्चित करता है कि यह बात कभी न भूली जाए।

अब आता है पीड़ादायक अध्याय।

राजपाल यादव की कुंडली में शनि मेष राशि में नीच स्थिति में है। वैदिक ज्योतिष के अनुसार, इस स्थिति के कारण सत्ता के साथ संघर्ष, न्याय में देरी और प्रतिष्ठा एवं धन से संबंधित कर्मिक परीक्षाएँ हो सकती हैं।

लेकिन असली वजह क्या थी? जन्म के समय सूर्य के ऊपर शनि का गोचर।

सूर्य प्रतिष्ठा, अहंकार और सार्वजनिक छवि का प्रतीक है। जब कर्मों का स्वामी, अनुशासनवादी और कर्मों का देनदार शनि सूर्य पर दबाव डालता है, तो जीवन जवाबदेही की मांग करता है।

समयरेखा पर एक नजर डालें:

2010: अता पता लापता फिल्म के लिए 5 करोड़ रुपये का कर्ज लिया। फिल्म फ्लॉप हुई। कर्ज चुकाने में देरी हुई।

2013: झूठे हलफनामे के लिए पहली बार जेल की सजा (10 दिन)

2018: चेक बाउंस मामले में दोषी ठहराया गया। छह महीने की सजा।

फरवरी 2025: तिहाड़ जेल में आत्मसमर्पण। बकाया राशि अब ₹9 करोड़ हो गई है।

ये सभी असफलताएँ तब घटीं जब शनि अपने सूर्य की परीक्षा ले रहा था।

यह महज़ संयोगवश हुई बदकिस्मती नहीं है। यह एक दैवीय सबक है: आर्थिक आधार के बिना प्रसिद्धि धराशायी हो जाती है। जवाबदेही के बिना प्रतिष्ठा चकनाचूर हो जाती है।

राजपाल के अपने शब्द ज्योतिषीय विश्लेषण की पुष्टि करते हैं: "मुझे इस संकट से अकेले ही निपटना होगा।" वह अकेलापन, भीड़ में अकेले खड़े होने का एहसास–यह शनि का मूल प्रभाव है।

राजपाल यादव का करियर मकर राशि में शुक्र-राहु युति से प्रभावित है, जो उन्हें असाधारण प्रतिभा और एक अनूठी हास्य शैली प्रदान करती है। इसके अतिरिक्त, उनके दूसरे भाव में वृश्चिक राशि में स्थित बृहस्पति उनकी वाणी और धन को बढ़ाता है, जिससे वे सार्थक परियोजनाओं की ओर अग्रसर होते हैं।

शुक्र-राहु की युति ने राजपाल यादव के करियर संबंधी विकल्पों को कैसे प्रभावित किया?

राजपाल यादव की जन्म कुंडली में शुक्र-राहु का संयोजन उनके किरदारों में अनिश्चितता और गर्माहट लेकर आया, जिसने उन्हें फिल्म 'जंगल' में नकारात्मक भूमिका निभाने के बाद हास्य की ओर अग्रसर किया। ज्योतिषीय दृष्टि से यह पहलू उनकी फिल्मोग्राफी को अनूठा और प्रासंगिक बनाता है।

राजपाल यादव के पेशेवर सफर में बृहस्पति ग्रह ने क्या भूमिका निभाई?

वृश्चिक राशि में स्थित बृहस्पति ने उन्हें विश्वसनीयता, सम्मान और चरित्र-प्रधान परियोजनाओं के अवसर प्रदान करके उनके करियर में महत्वपूर्ण योगदान दिया है।

राजपाल यादव को तिहाड़ जेल से संबंधित कानूनी परेशानियों का सामना क्यों करना पड़ा?

राजपाल यादव की कानूनी परेशानियां उनकी पहली निर्देशित फिल्म 'अता पता लापता' के लिए लिए गए 5 करोड़ रुपये के ऋण से जुड़े चेक बाउंस मामले से शुरू हुईं। फिल्म की बॉक्स ऑफिस पर असफलता के कारण ऋण चुकाने में दिक्कतें आईं, जिसके परिणामस्वरूप उन्हें तिहाड़ जेल में आत्मसमर्पण करना पड़ा।

भाग 5

अन्य

वीरप्पन

वीरप्पन (veerasamy raamasamy) - चन्दन और हाथीदांत के तस्कर।

वीरप्पन का जन्म 18 जनवरी 1952 को तमिलनाडु के गोपीनाथम गाँव में हुआ था। वह एक कुख्यात भारतीय डाकू था, जो मुख्य रूप से कर्नाटक, केरल और तमिलनाडु के जंगलों में सक्रिय था।

वीरप्पन ने अपनी कुख्यात गतिविधियों के लिए जाना जाता था, जिसमें चन्दन और हाथीदांत की तस्करी, हाथियों का शिकार, और कई हत्याएं शामिल थीं, जिनमें से कई पुलिसकर्मियों और वन अधिकारियों की थीं। उसे 1990 के दशक में भारत के सबसे वांटेड अपराधी के रूप में जाना जाता था।

वीरप्पन ने अपनी तस्करी और हत्याओं के लिए कई साल तक पुलिस और सुरक्षाबलों को छकाया। उसने 1990 के दशक में कूरूम्बाड़ के कूरूमपुरू वन क्षेत्र में एक लंबी और खतरनाक लड़ाई लड़ी।

वीरप्पन के खिलाफ कई आपराधिक मामले थे और उस पर कई हत्याएं और चन्दन तस्करी के आरोप थे। उसने 2004 में तमिलनाडु के सालेम के पास एक मुठभेड़ में वीरप्पन को मार गिराया गया था।

वीरप्पन का जीवन चन्दन और हाथीदांत की तस्करी, हत्याएं और पुलिस से बचने की एक लंबी कहानी है। वह एक अपराधी था, लेकिन उसके जीवन में कई ऐसे पहलू थे जो उसे एक अनोखा अपराधी बनाते थे

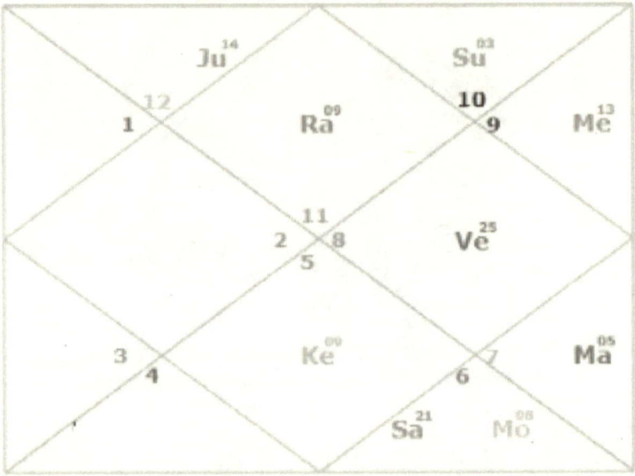

प्रसिद्ध चंदन तस्कर कूसे मुनिस्वामी वीरप्पन की जन्म कुंडली और ज्योतिषीय विवरण निम्नलिखित हैं:

जन्म विवरण (Birth Details)

जन्म तिथि: 18 जनवरी 1952

जन्म समय: सुबह 08:41 (कुछ स्रोतों के अनुसार 09:00 AM)

जन्म स्थान: गोपीनाथम, कोल्लेगल, कर्नाटक

कुंडली की प्रमुख विशेषताएं (Key Astrological Features)

वीरप्पन की कुंडली में ग्रहों की स्थिति उसके साहसी, हिंसक और लंबे समय तक छिपे रहने वाले स्वभाव की व्याख्या करती है:

- लग्न (Ascendant): कुंभ (Aquarius)
- राशि (Moon Sign): कन्या (Virgo)
- नक्षत्र: उत्तरा फाल्गुनी, चतुर्थ चरण

लग्न स्वामी (Lagnadhipati): शनि (Saturn), जो कुंडली के आठवें भाव (मृत्यु और रहस्य का भाव) में स्थित था। यह स्थिति उसे असाधारण सहनशक्ति और खतरनाक परिस्थितियों से बचने की क्षमता देती थी।

मंगल की स्थिति: मंगल नौवें भाव में था, जो उसके उग्र, हिंसक और विद्रोही स्वभाव का कारण माना जाता है।

- राहु का प्रभाव: राहु पहले भाव (लग्न) में होने के कारण उसे रहस्यमयी, चतुर और धोखा देने में माहिर बनाता था।

विशेष ज्योतिषीय योग

- दीर्घायु और बचाव: वीरप्पन के लंबे समय तक जीवित रहने का कारण उसका गुरु (बृहस्पति) की शुभ दशा में होना माना जाता है, जिसने उसे जंगलों में ग्रामीणों और कुछ प्रभावशाली लोगों से गुप्त सहायता प्रदान की।
- मृत्यु का पूर्वानुमान: ज्योतिषियों ने भविष्यवाणी की थी कि वह अपने 53वें वर्ष को नहीं देख पाएगा। 18 अक्टूबर 2004 को 'ऑपरेशन कोकून' के दौरान जब उसकी मृत्यु हुई, तब उसकी आयु 52 वर्ष ही थी।
- राजयोग और धन: उसकी कुंडली में 9वें और 10वें भाव के स्वामियों के बीच राशि परिवर्तन से एक प्रकार का 'राजयोग' बना था, जिसने उसे अवैध तरीकों से अकूत धन और प्रभाव दिलाया।

दाऊद इब्राहिम

दाऊद इब्राहिम कास्कर (जन्म 26 दिसंबर 1955) एक भारतीय गैंगस्टर, गिरोह प्रमुख, ड्रग लॉर्ड और नार्कोटेररिस्ट है। वह संगठित अपराध सिंडिकेट डी-कंपनी का नेता है, जिसकी स्थापना उसने 1970 के दशक में मुंबई में की थी। इब्राहिम हत्या, जबरन वसूली, लक्षित हत्या, मादक पदार्थों की तस्करी और आतंकवाद सहित कई आरोपों में वांछित है।

जन्म - 27-12-1955

समय - 12:00

स्थान - रत्नागिरी

लग्न - मीन

राशी - वृषभ

वक्री ग्रह - गुरु

दाऊद इब्राहिम की जन्म कुंडली और ज्योतिषीय विवरण के अनुसार, उनका जन्म 26 दिसंबर 1955 को रत्नागिरी, महाराष्ट्र में हुआ था। ज्योतिषीय गणनाओं (कुंडली) के अनुसार, उनके व्यक्तित्व और जीवन से संबंधित कुछ मुख्य बातें इस प्रकार हैं:

- राशि/चंद्र राशि: वृषभ (Taurus)
- नक्षत्र: रोहिणी

  अंकशास्त्र (Numerology): चाल्डियन अंकशास्त्र के अनुसार, उनके नाम का योग 45 है और भाग्य अंक 9 है। यह मंगल ग्रह से प्रभावित होने को दर्शाता है, जो साहसी, आक्रामक और मानवतावादी (विवादास्पद अर्थ में) व्यक्तित्व की ओर संकेत करता हैं.

दाऊद इब्राहिम के जीवन पर आधारित फिल्म "वन्स अपॉन अ टाइम इन मुंबई" के संदर्भ में ज्योतिषीय विश्लेषण के अनुसार:

- कुंडली में लग्न स्वामी और भाग्य स्वामी की स्थिति कमजोर होने के कारण पहली नज़र में यह नकारात्मक लग सकती है।
- हालांकि, बृहस्पति (Jupiter) की वक्री दृष्टि लाभ भाव (11वें भाव), लग्न और पराक्रम भाव (तीसरे भाव) पर होने से कुछ सकारात्मक प्रभाव भी देखे गए थे।
- कुंडली में 11वां भाव (लाभ भाव) अत्यंत शक्तिशाली बताया गया है, जो वित्तीय सफलता और लाभ की ओर इशारा करता है।

ओसामा बिन लादेन

ओसामा बिन लादेन अल-कायदा का संस्थापक और पहला जनरल अमीर था। एक सर्व-इस्लामी और इस्लामी चरमपंथी, बिन लादेन ने दुनिया भर में कई जिहादी या पश्चिमी विरोधी आतंकवादी हमलों को संगठित और वित्तपोषित किया। 2001 में अल-कायदा द्वारा संयुक्त राज्य अमेरिका पर किए गए 11 सितंबर के हमलों में 2,977 लोग मारे गए और इसी हमले से अमेरिका ने आतंकवाद के खिलाफ वैश्विक युद्ध शुरू किया।

जन्म - 13-05-1957

समय - 19:30

स्थान - रियाध

वक्री ग्रह - बुध, गुरु, शनी

ओसामा बिन लादेन की जन्म कुंडली (Kundli) के विश्लेषण से उनके हिंसक और चरमपंथी स्वभाव के पीछे के ज्योतिषीय कारणों को समझा जा सकता है। उनका जन्म सऊदी अरब के रियाद में हुआ था।

ओसामा बिन लादेन की कुंडली के मुख्य बिंदु (ज्योतिषीय विश्लेषण):

- लग्न (Ascendant): बिन लादेन की कुंडली में वृश्चिक लग्न (Scorpio) था, जिसका स्वामी मंगल है। वृश्चिक लग्न के जातक आमतौर पर रहस्यमयी, दृढ़निश्चयी, और प्रतिशोधी (revengeful) होते हैं।
- मंगल की स्थिति (Mars Placement): "मांगलिक" योग भी बनता है जातक को बहुत आक्रामक, क्रूर और हिंसक बनाता है। यह "मांगलिक" योग है, जो अशांत जीवन का संकेत है।
- शनि और राहु का प्रभाव: कुंडली में शनि और राहु का प्रभाव उनके स्वभाव में कट्टरता और विनाशकारी प्रवृत्तियों को दर्शाता है। राहु और शनि की स्थिति उन्हें छिपे हुए रास्तों से काम करने (आतंकवाद) की प्रवृत्ति देती है।

- मृत्यु का योग: कुंडली के अष्टम भाव (मृत्यु और रहस्य का घर) में पाप ग्रहों की स्थिति उनके हिंसक अंत की ओर इशारा करती थी।

निष्कर्ष:

ज्योतिषीय दृष्टिकोण से, बिन लादेन की कुंडली में लग्न में मंगल और पाप ग्रहों का प्रभाव उनके क्रूर, विनाशकारी और आतंकवादी स्वभाव का कारण बना, जो उन्हें एक अत्यंत खतरनाक व्यक्ति के रूप में स्थापित करता है।

ओसामा बिन लादेन की कुंडली का विश्लेषण विभिन्न ज्योतिषियों द्वारा अलग-अलग जन्म समय के आधार पर किया गया है, क्योंकि उसका सटीक जन्म समय सार्वजनिक रूप से प्रमाणित नहीं है। हालांकि, अधिकांश ज्योतिषीय गणनाएं 10 मार्च 1957 की जन्म तिथि के आधार पर की जाती हैं।

ओसामा बिन लादेन की कुंडली के प्रमुख ज्योतिषीय बिंदु निम्नलिखित हैं:

- जन्म विवरण (संभावित): 10 मार्च 1957, रियाद, सऊदी अरब।
- लग्न और राशि: पश्चिमी ज्योतिष के अनुसार वह मीन (Pisces) राशि का था। कुछ वैदिक ज्योतिषीय विश्लेषणों में उसे वृश्चिक (Scorpio) लग्न का माना गया है, जो गोपनीयता, दृढ़ संकल्प और हठ के लिए जाना जाता है।
- ग्रहों की स्थिति और प्रभाव:
    1. मंगल और एल्गोल (Algol): ज्योतिषीय विश्लेषणों के अनुसार, उसका मंगल वृषभ राशि में था और अत्यंत हिंसक और खतरनाक स्थिर तारे एल्गोल के साथ युति में था। एल्गोल को "शैतान का सिर" भी कहा जाता है, जो सामूहिक हत्याओं और हिंसक मृत्यु से जुड़ा माना जाता है।
    2. शनि का प्रभाव: शनि और सूर्य के बीच के विरोध (Sun-Saturn opposition) को उसके पतन और अंत का कारण बताया गया है।
    3. धार्मिक कट्टरता: कुंडली में बृहस्पति (गुरु) का प्रभाव उसे धार्मिक रूप से प्रेरित दिखाता है, लेकिन ग्रहों की नकारात्मक युति ने इसे कट्टरवाद और उग्रवाद की ओर मोड़ दिया।

4. मृत्यु का ज्योतिषीय पहलू: 2 मई 2011 को उसकी मृत्यु के समय, शनि का गोचर मोक्ष भाव (8वें या 12वें भाव) से जुड़ा था, जो कर्मों के समापन और हिंसक अंत का संकेत देता है।

नोट: चूंकि सटीक जन्म समय उपलब्ध नहीं है, इसलिए अलग-अलग ज्योतिषी अपनी गणना के अनुसार अलग-अलग लग्न का उपयोग करते हैं।

www.ingramcontent.com/pod-product-compliance
Lightning Source LLC
LaVergne TN
LVHW090409210926
848480LV00002B/505

* 9 7 9 8 9 0 4 3 1 7 3 8 6 *